Geirlyfr  Wordbook

Y Diarhebion

*Casgliad o Ddiarhebion
Cyfoes*

*A Compendium of
Contemporary Welsh Proverbs*

D. Geraint Lewis

Argraffiad cyntaf: 2022

Cyhoeddwyd gyda chymorth ariannol Cyngor Llyfrau Cymru

Cynllun y clawr: Richard Huw Pritchard

Rhif Llyfr Rhyngwladol: 978-1-80099-204-7

Cyhoeddwyd ac argraffwyd yng Nghymru
ar bapur o goedwigoedd cynaliadwy gan
Y Lolfa Cyf., Talybont, Ceredigion SY24 5HE
e-bost ylolfa@ylolfa.com
gwefan www.ylolfa.com
ffôn 01970 832 304
ffacs 01970 832 782

Cyflwyniad

Mae nifer o broblemau'n codi wrth geisio llunio casgliad o ddiarhebion:

O'u gosod yn nhrefn yr wyddor rhaid i'r darllenydd wybod union eiriad y ffurf a gofnodir, a chyda natur y Gymraeg – ei ffurfiau berfol, ansoddeiriol a lluosog er enghraifft, ynghyd â'r ffaith y gellir eu treiglo – nid peth hawdd yw hynny.

Mae'r diarhebion yn y casgliad yma felly, yn cael eu rhestru dan bob gair arwyddocaol yn yr ymadrodd, e.e. mae *gwyn y gwêl y fran ei chyw* yn ymddangos dan *'gwyn'*; *'gweld'*; *'brân'*; a *'cyw'*.

Mae hyn yn caniatáu tynnu ynghyd ddiarhebion ar yr un testun, e.e. *adar:aderyn*; *cariad*; *gwybod*; etc. a nodir mewn Atodiadau rhestr o 'Gweithrediadau Ofer' ac ymadroddion am 'Y Tywydd'.

Mae rhai diarhebion yn perthyn i oes a fu ac nid yw ergyd y ddihareb yn amlwg erbyn heddiw, e.e. *bwrw hen wragedd a ffyn*; *pluen yn fy het*; *torri crib ceiliog* a chynhwysir nodyn eglurhaol ar y rhain.

Problem arall gyda dihareb yw bod modd deall pob gair yn yr ymadrodd heb ddeall yr ystyr y tu ôl i eiriau. Er mwyn ceisio taflu goleuni ar ergyd y diarhebion cynhwysir diarhebion neu ymadroddion Saesneg cyfatebol. Nid cyfieithiadau mohonynt, ond ymgais i ddynodi beth yw neges y ddihareb, e.e.

amynedd yw mam pob doethineb	*patience is a virtue*
arf doeth - pwyll: arf ynfyd - dur	*jaw jaw not war war*
a geir yn rhad a gerdd yn rhwydd	*easy come, easy go*

gan obeithio felly y cewch hwyl wrth bori a defnyddio rhai o drysorau'r Gymraeg.

The convention in listing English proverbs is to ignore the unimportant words like 'a'; 'the', 'to' and this is the pattern adopted in the English list.

However this becomes far more difficult in Welsh with inflected verbs and adjectives and plural nouns all of which may mutate at the beginning of a phrase.

This has been addressed by setting out the proverbs under each of any significant words in the the proverb:

gwyn y gwêl y frân ei chyw   *a mother's child can do no wrong*

appears under *gwyn, gweld, brân* and *'cyw'*.

As a result proverbs are grouped together under key words, e.g. *adar:aderyn; cariad; gwybod*; etc. and Appendices of 'Useless Tasks' and 'Weather lore' are included.

Some of the proverbs derive from earlier times and customs that have died out e.g. *bwrw hen wragedd a ffyn; pluen yn fy het; torri crib ceiliog* – explanatory notes are provided.

The nature of a proverb is that its impact derives from a shared understanding beyond the literal translation of the words. I have attempted to capture this wider meaning by providing English proverbs with a corresponding impact (as in the example above).

Diolchiadau

Pleser yw diolch unwaith yn rhagor i Wasg y Lolfa am ei gofal gyda'r gyfrol ac i'w golygyddion am bob cymorth gyda'r testun. Fy eiddo i yw unrhyw fefl a erys.

D. Geraint Lewis
Llangwrddon

A

achub y blewyn a cholli'r bwrn bwrn o wair — *penny wise, pound foolish*

adar:aderyn: adar o'r unlliw a hedant i'r unlle — *birds of a feather flock together*

gwell aderyn mewn llaw na dau mewn llwyn — *a bird in the hand is worth two in the bush*

hoff gan bob aderyn ei lais — *he likes the sound of his own voice*

lladd dau dderyn ag un ergyd — *kill two birds with one stone*

mae eisiau deryn glân i ganu tynnu sylw at ei hunan — *you need to be purer than pure to preach to the world*

nid yw aderyn yn canu er mwyn dweud dim, ond oherwydd fod ganddo gân — *a bird doesn't sing because it has something to say but because it has a song*

dim ond un gangen sydd ei hangen ar aderyn i glwydo — *a bird needs only a single branch on which to roost*

adeiladu: drwy arfer beunyddiol mae adeiladu cymeriad — *character is built by daily observance*

adfyd a ddaw â dysg yn ei law — *sweet are the uses of adversity*

adnabod: adweinir dyn wrth ei gyfeillion — *you can tell a person from the company he keeps*

wrth ei ffrwythau y mae adnabod dyn — *by his actions will ye know a man*

dyn a derw a diwrnod sydd anodd eu hadnabod — *man, an oak and a day – what to make of them*

gwers gyntaf doethineb: adnabod dy hunan — *wisdom's first lesson: know thyself*

erbyn nos mae adnabod gweithiwr — *the end of a shift is the time to find a good worker*

mewn tymestl mae adnabod llongwr da — *a storm is the place to find the best sailors*

addewid deg wna ynfyd yn llawen — *only a fool takes hope from a fabrication* ewyn dŵr addewid gwas

a young man's promise, just so much froth

gwell addewid o gymwynas na chant a fu

rather a favour promised than a hundred fulfilled

aelwyd: hawdd cynnau tân ar hen aelwyd

it's easy to rekindle a fire on an old hearth

aerwy: prynu aerwy cyn prynu buwch *coler buwch*

put the cart before the horse

afal: melysach afal o'i ddwyn

scrumped apple is the sweetest

afiechyd: chwerthin yw moddion gorau afiechydon fil

laughter is the best medicine

afon: bach llygad ffynnon yr afon fwyaf

great oaks from little acorns grow

fel afon i fôr yw bywyd dyn

life flows like a river to the sea

dim ond ffŵl sy'n defnyddio'i ddwy droed i brofi dyfnder afon

only a fool uses both feet to test the water's depth

afradus: a gasglodd y tad trwy gybydd-dra, mab afradus a'i gwastraffa

easy come easy go

afraid: cadw dy afraid erbyn dy raid

waste not want not

angau: utgorn angau, peswch sych *trwmped*

death's clarion call, a dry cough

angel pen ffordd a diawl pen pentan

an angel abroad a devil at home

heddiw'n angel ; yfory'n gythrel

today an angel, tomorrow a devil

angen a yrr hen i redeg

necessity is the mother of invention

mae angen cof da ar gelwyddgi

successful liar needs a good memory

mae angen sawl math o gerrig i godi wal

a good wall needs a variety of stone

angen yw mam pob celfyddyd

necessity is the mother of invention

pan ddaw angen i mewn drwy'r drws, mae cariad yn mynd allan drwy'r ffenest

when need marches in through the door, love flies out of the window

mae cybydd bob amser mewn angen

a miser is always in need

gochel afrad, gochel angen	*waste not, want not*
gwell mam anghenog na thad goludog	*better a needy mother than a wealthy father*
anghyfiawnder: mae cyfoeth yn cuddio pob anghyfiawnder	*wealth hides all injustice*
angor: gŵr heb bwyll, llong heb angor	*a rash man is a ship without an anchor*
alarch: golchi traed yr alarch (yn wyn) *du yw traed alarch*	*a waste of time and effort*
alffa ac omega *dechrau a diwedd*	*alpha and omega*
allan o olwg, allan o feddwl	*out of sight out of mind*
allt: ni bu allt heb oriwaered	*what goes up must come down*
allwedd: rhoi allwedd cwt ffowls i'r cadno	*giving the fox the key to the hen-house*
allwedd arian sy'n agor pob clo	*money is the key*
allwedd calon cwrw da	*sobriety conceals, inebriation reveals*
mae allwedd fach yn agor drysau mawr	*small keys open great doors*
amcan gof a mesur crydd/teiliwr	*a blacksmith guesses, a tailor measures*
gwell amcan gof na mesur saer	*a blacksmith's estimate is truer than a carpenter's measure*
amdo: does dim poced mewn amdo	*there are no pockets in a shroud*
aml: ychydig yn aml sy'n gwneud llawer	*little but often is best*
amlach brân nag eos	*there are more crows than nightingales*
amlaf ei gŵys, amlaf ei ysgub	*as ye sow so shall ye reap*
amlwg bai lle nad oes cariad	*criticism comes easily where there is no affection*
amlwg llaid ar farch gwyn	*a stain stands out on a clean sheet*
amlygu fy hun	*come into prominence*
amser: does dim meddyg fel amser	*time is the best healer*
cyfleustra yw hufen amser	*seize the opportunity when it arises*

mae pawb yn aros yr amser a'r amser nid erys neb	*time and tide wait for no man*
modfedd o aur yw modfedd o amser ond ni ellir prynu modfedd o amser â modfedd o aur	*an inch of time is an inch of gold, but you cannot buy an inch of time with an inch of gold*
arian yw amser	*time is money*
rhag pob clwyf: eli amser	*time the great healer*
rhowch amser i amser	*give time time*
amynedd: eli i bob drwg yw amynedd	*patience is a virtue*
amynedd yw mam pob doethineb	*patience is a virtue*
cas athro heb amynedd	*woe betide an impatient teacher*
gweddw pwyll heb amynedd	*there is no prudence without patience*
heb amynedd, heb ddoethineb	*there can be no wisdom without patience*
anelu saethau	*barbed comments*
gwell yw anelu at rywbeth a'i fethu nag anelu at ddim a'i daro	*it's better to aim at something and fail than to aim at nothing and succeed*
anffawd: ffynhonnell pob anffawd: diogi	*sloth lies at the root of all evil*
anodd dallt ymennydd dyn	*there's nowt stranger than folk*
anodd dwyn dyn oddi ar ei dylwyth	*blood is thicker than water*
anodd dysgu hen gostog ci	*can't teach an old dog new tricks*
anodd i neidr anghofio sut i frathu	*leopard doesn't change its spots*
anodd torri cwlwm â gordd	*use a sledgehammer to crack a nut*
anodd tynnu cast o hen geffyl *arfer drwg*	*can't teach an old dog new tricks*
anwar: gwell annysg gwâr na dysg anwar	*better an enlightened innocent than an educated savage*
anwybodaeth yw mam yr holl feiau	*ignorance is the mother of all sin*
araf deg mae mynd ymhell	*take your time to travel far*

araf deg a mesul dipyn mae stwffio bys i din gwybedyn

softly softly catchy monkey

nac ofnwch dyfu'n araf, ofnwch sefyll yn llonydd

don't be afraid of growing slowly, fear standing still

arch: yn eu harch parch yn eu hoes croes

respected in death, reviled in life

archwaeth bara da yw eisiau bwyd

a good appetite is a sign of good bread

aredig: nid ar redeg mae aredig

more haste less speed

nid oes baradwys heb ei haredig

it can't be paradise if it can't be tilled

arf: gorau arf, arf dysg

learning is the best weapon of all

arf doeth - pwyll: arf ynfyd – dur

jaw jaw not war war

arf sy'n cadw heddwch

iron fist in a velvet glove

arfer: drwy arfer beunyddiol mae adeiladu cymeriad

character is built by daily observance

arfer anarfer yw'r arfer gwaethaf

to do nothing is worse than anything

arfer yw hanner y gwaith

practice makes perfect

arfer yw mam pob meistrolaeth

practice makes perfect

deuparth athrylith yw arfer

genius: 90% perspiration 10% inspiration

arglwydd: trech gwlad nag arglwydd

vox populi

arian yn was da ond yn feistr drwg

money is a good servant but a poor master

arian yw amser

time is money

llysywen mewn dwrn yw arian

money is as slippery as an eel

allwedd arian sy'n agor pob clo

money is the key

aros: hir pob aros

a delay is always long

hir bydd aros mud ym mhorth y byddar

the dumb will have a long wait at the door of the deaf

asgwrn cefn: pennog gyda phwn dyr asgwrn cefn ceffyl
sgadenyn, pysgodyn

the straw that breaks the camel's back

ateb: does dim ateb call i sylw twp

there's no intelligent answer to a stupid question

mae pob ateb yn codi cwestion newydd	*every answer raises a new question*
ateb hwyr, ateb yn llwyr	*take your time when replying to a question*
os nad wyt ti'n rhan o'r ateb, rwyt ti'n rhan o'r broblem	*if you're not part of the answer, you're part of the problem*
mae distawrwydd yn aml yn ateb	*silence too can be an answer*
athro: athrawon sy'n agor y drws ond ti sy'n gorfod camu drwyddo	*teachers may open the door, but you must step through it*
cas athro heb amynedd	*woe betide an impatient teacher*
mae methiant yn well athro na llwyddiant	*failure is a better teacher than success*
athrylith: deuparth athrylith yw arfer	*genius: 90% perspiration 10% inspiration*
aur: nid aur popeth melyn	*all that glisters is not gold*
nid yw aur yn rhydu	*there's no rust on gold*
aur dan y rhedyn, arian dan yr eithin, newyn dan y grug	*gold beneath bracken; silver gorse; famine heather*
cyngor dyn doeth, gwell nag aur coeth	*a word from the wise, more valuable than gold*
awdur: mae'r awduron gorau yn gorfod dileu weithiau	*even the best of authors has to delete stuff*
awen: trech awen na dysg	*inspiration trumps learning*
awgrym i gall, gair i angall	*nod to the wise a word with the foolish*
awr: mae'r awr dywyllaf cyn y dyddio	*darkest hour is before the dawn*
yr awr dywyllaf yw'r nesaf i'r wawr	*darkest hour is before the dawn*
awyr: chwa o awyr iach	*a breath of fresh air*
codi cestyll yn yr awyr	*build castles in the air*

B

baban yn tyfu nid felly ei gadachau	*a baby will grow, not so his nappies*
bach: bach a fydd bach er cymaint ei awydd i fod yn fawr	*small is small whatever its ambition to be big*
bach hedyn pob mawredd	*great oaks from little acorns grow*
bach llygad ffynnon yr afon fwyaf	*great oaks from little acorns grow*
bach pob dyn sy'n tybio ei hun yn fawr	*the greater you believe yourself to be, the smaller you become*
dyn mawr bach a dyn bach mawr	*an important little man; a small important man*
gwell bach mewn llaw na mawr gerllaw	*a bird in the hand is worth two in the bush*
bachgen: gwell bachgen call na brenin ffôl	*better a sensible lad than a foolish king*
baglu: pridd y wadd sy'n achosi dyn i faglu, nid mynyddoedd	*you trip and fall over molehills not mountains*
bai un: gwers arall	*one man's mistake is another man's lesson*
anwybodaeth yw mam yr holl feiau	*ignorance is the mother of all sin*
y Diafol yn gweld bai ar bechod	*the pot calling the kettle black*
heb ei fai, heb ei eni	*no one's perfect*
disgyn ar fy mai	*admit to one's failings*
drwy feiau eraill mae'r doeth yn cywiro ei feiau ei hun	*learn from other people's mistakes*
amlwg bai lle nad oes cariad	*criticism comes easily where there is no affection*
mwya'i fai sy'n rhoi bai ar arall	*the biggest culprit blames everyone else*
nid yw cariad yn gwybod sut i feio, nid yw casineb yn gwybod sut i ganmol	*love finds no fault; hate finds nothing to approve*

gwae'r un sy'n dirmygu arall am y beiau sydd arno fo ei hun	*woe betide those who criticise in others the faults they have themselves*
ni wêl yr ynfyd ei fai	*a fool finds no fault*
baich dyn diog	*lazy man's load*
digon i bob dyn ei faich ei hun	*sufficient to each man his own burden*
balm i'r llygad	*sight for sore eyes*
bara; brenin y bwyd yw bara	*bread, the king of foods*
ffon y bywyd yw bara	*bread is the staff of life*
barnu: rhydd i bawb ei farn ac i bob barn ei llais	*everyone is entitled to voice their opinion*
ar y diwedd y mae barnu	*the show isn't over till the fat lady sings*
cyn barnu mae dadlau	*first consider then conclude*
ni ellir barnu heb wrando	*you cannot judge without first listening*
na farnwch fel na'ch bernir	*judge not lest ye be judged*
peidiwch â barnu neu fe'ch bernir	*as you judge so shall you be judged*
doeth sy'n newid ei farn, ffôl sy'n ei chadw'n gadarn	*the wise change their mind, it's the fool that's resolute*
mae'r dyn doeth yn dilyn ei farn bersonol, mae'r dyn ffôl yn dilyn barn y cyhoedd	*the wise man forms his own opinion the foolish man adopts public opinion*
wrth ei weithredoedd y bernir dyn nid wrth ei eiriau	*a man is judged by his deeds not his words*
barnwr: gorau barnwr, cydwybod	*conscience is the surest judge*
bas: dŵr bas sy'n gwneud sŵn	*empty vessels make the most noise*
bedd a wna bawb yn gydradd	*all are equal in the face of death*
beiddgar: ni bydd beiddgar un noeth mewn ysgall	*don't go barefoot into the thistles*
benthyca: gwell rhoi ceiniog na benthyca ugain	*better to give a penny than to lend twenty*
benyw: modrwy aur yn nhrwyn yr hwch yw benyw lân heb synnwyr	*an attractive, hare-brained woman is like a golden staple in a sow's nose*
beudy oer, stabal gynnes	*cold cowshed; warm stable*

blaidd: na ddeffroer blaidd o'i gwsg — *let sleeping dogs lie*

blaidd mewn croen dafad — *wolf in sheep's clothes*

blas ar beth; does dim blas ar ddim — *'something' has a flavour, 'nothing' has none*

mae blas y cyw yn y cawl — *chip off the old block*

torrwch bob dim yn ei flas — *leave them wanting more*

blewyn: o flewyn i flewyn yr â'r pen yn foel — *hair by hair the head becomes bald*

yn ceisio blewyn glas y boddodd y gaseg — *they died looking for a better world*

blingo hwch â chyllell bren — *a waste of time and effort*

blingo'r gath hyd at ei chynffon — *blow your savings*

blin fel tincer — *tamping mad*

digon yw digon a gormod sydd flin — *enough is enough and no more*

yr oeddwn yn flin bod heb esgidiau, ond cwrddais â dyn heb draed — *I was angry that I had no shoes until I met a man who had no feet*

blodau: fedri di ddim dyfrio blodau heb ddyfrio chwyn — *you can't always pick and choose*

o blannu porfa ni chewch flodau — *you won't get flowers if you plant grass*

blwyddyn o eira blwyddyn o lawndra — *year with snow year of plenty*

boddi cathod bach mewn dŵr cynnes — *being kind to be cruel*

gofalwch rhag boddi yn ymyl y lan — *fall at the last hurdle*

bola llawn sy'n hollti nid bola gwag — *it's the full stomach that bursts not the empty one*

llygaid yn fwy na'r bola — *eyes bigger than his belly*

chwerw ar y tafod, melys yn y bola — *bitter on the tongue, sweet in the stomach*

bore pawb pan fydd yn codi — *your day starts when you get up*

codi'n fore, hanner gore'r gwaith — *an early start is the best start*

bost: mawr ei fost, bach ei orchest	*all talk, no action*
bost a chelwydd, nid deupeth ydynt	*to boast and to lie are one and the same*
mwyaf ei fost lleiaf ei orchest	*all talk no action*
braint: ym mhob braint mae dyletswydd	*every privilege carries an obligation*
brân: mae brân i frân yn rhywle	*every Jack has a Jill*
amlach brân nag eos	*there are more crows than nightingales*
'benddu' ebe'r frân wrth yr wylan	*pot calling the kettle black*
gwyn y gwêl y frân ei chyw	*a mother's child can do no wrong*
bugeilio'r brain	*waste of time and effort*
llais fel brân	
nid yw brân yn wynnach o'i golchi	*leopard doesn't change its spots*
brathu'r gaseg wen yn ei chynffon/thin	*besmirch someone's good name*
gair sy'n brathu yn waeth na briw, mae briw yn gwella	*a hurtful word is worse than a wound, a wound heals*
anodd i neidr anghofio sut i frathu	*leopard doesn't change its spots*
brawd: ai ceidwad fy mrawd ydwyf fi	*am I my brother's keeper*
brawd mygu yw tagu	*six of one and half a dozen of the other*
cyfaill a lŷn wrthyt yn well na brawd	*a friend that sticketh closer than a brother*
gwell cymydog yn agos na brawd ymhell	*a near neighbour is better than a distant brother*
brefu ychydig ond godro'n dda	*quiet but effective*
brenin: ar ben ei domen, pob ceiliog fydd frenin	*cock of the walk*
gwell bachgen call na brenin ffôl	*better a sensible lad than a foolish king*
brenin y bwyd yw bara	*bread, the king of foods*
brethyn: llathen o'r un brethyn	*a chip off the old block*
torri'r got yn ôl y brethyn	*cut the coat according to the cloth*
tor dy wisg yn ôl y brethyn	*cut the coat according to the cloth*
breuddwyd gwrach wrth ei hewyllys	*wishful thinking*

brig, gwraidd a bôn — *root and branch*

brithyllod: nid hawdd twyllo hen frithyllod — *not easy to fool old stagers*

briw: gair sy'n brathu yn waeth na briw, mae briw yn gwella — *a hurtful word is worse than a wound, a wound heals*

bryn ymddiried: po uchaf bryn ymddiried, garwaf fyth y goriwaered — *as steep the climb to trust, the descent is even steeper*

daw eto haul ar fryn — *things will improve*

brys: gwastad mewn brys, gwastad ar ôl — *always rushed, always late*

buan i'r wledd, buan i'r bedd — *eat one's way to an early grave*

bugeilio'r brain — *waste of time and effort*

buwch: nid y fuwch sy'n brefu uchaf sy'n rhoi'r mwyaf o laeth — *it's not the cow that lows most that produces the most milk*

ni raid gyrru buwch i bori, mae agor iet yn ddigon — *you don't drive a cow to graze, you just open the gate*

bwa'r arch brynhawn, tywydd braf a gawn — *rainbow after noon, fine weather to follow*

bwa'r arch y bore, amal gawode — *rainbow in the morning, showers all day*

bwlch: lle bydd bwlch, bydd pawb yn cerdded drwyddo — *wherever there's a gap the herd will find it*

bwrw glaw: nid ar un to yn unig y mae'n bwrw glaw — *rain doesn't fall on just one roof*

bwrw cyllyll a ffyrc — *raining cats and dogs*

bwrw hen wragedd a ffyn — *raining stair rods*

bwyd: melys bwyd sy'n cael ei wahardd — *forbidden fruit is sweetest*

nid yw'r llestr gorau un yn gallu cynhyrchu bwyd — *even the finest dish is unable to produce any food*

bwydo: i fwydo dyn am ddiwrnod, rhowch iddo bysgod; i fwydo dyn am oes dysgwch iddo bysgota — *to feed a man for a day, give him a fish; to feed a man for life, teach him how to fish*

a orfwyda'r gath, a fwyda'r llygod — *the fatter the cat, the fatter the mice*

bwyta fel taflu pridd ar gorff	*burying his food*
bwyta gwellt fy ngwely	*in dire straits*
bwyta potsh â rhaw	*attempt the impossible*
bwyta'r mêl o'r cwch	*eat the seed-corn*
bwyta uwd â mynawyd	*attempt the impossible*
ni ellir cadw torth a'i bwyta	*you can't have your cake and eat it*
dal llygoden a'i bwyta	*live from hand to mouth*
mae prawf y potes yn y bwyta	*the proof of the pudding is in the eating*
byd gwyn fydd byd a gano	*blessed is a world that sings*
byddar: does neb mor fyddar â rhywun nad yw'n dewis clywed	*there's none so deaf as those who will not hear*
canu crwth i fyddar	*a waste of time and effort*
bygwth: gwell bygwth na tharo	*bark is better than bite*
byr bwyll, hir alar	*act in haste, repent at leisure*
byr feddwl wna hir ofal	*act in haste, repent at leisure*
byr, brwnt a brau (bywyd)	*brief, brutal and bloody (life)*
bys ym mhob briwes	*a finger in every pie*
pawb a'i fys lle bo'i ddolur	*each to his own*
byth: gwell rhyw bryd na byth	*better late than never*
byw ar ei gynffon yn lle ei ewinedd	*live on his wits*
byw ar drugaredd a gwynt y dwyrain	*live on fresh air*
byw fel ci a hwch	*fight like a cat and dog*
byw o'r llaw i'r genau	*live from hand to mouth*
cael modd i fyw	*beside oneself with joy*
o fyw mewn tŷ gwellt, gofala am dy dân	*if you live in a thatched cottage take care of your fire*
torri i'r byw	*cut to the quick*
bywyd: gorau pregeth bywyd da	*best sermon a virtuous life*
fel afon i fôr yw bywyd dyn	*life flows like a river to the sea*
byr, brwnt a brau	*brief, brutal and bloody (life)*
pe llefwn, pe chwarddwn, yr un yw bywyd	*laugh or cry, life goes on*

C

caboli: ni chabolir carreg heb ei
sgathru na dyn heb ei drallod

*a stone cannot be polished without
grinding nor a man without
tribulation*

cacwn: cicio nyth cacwn

disturb a hornets' nest

cachgi: iachaf croen, croen cachgi

flight not fight

cachu: rhaid i'r gwychaf gachu

even the finest have to shit

cachu ar y gambren *y pren ar
flaen trol*

foul your own nest

cadachau: mae baban yn tyfu nid
felly ei gadachau

a baby will grow, not so his nappies

cadarn: cadarnach yw'r edau yn
gyfrodedd

united we stand

cadno: rhoi allwedd cwt ffowls i'r
cadno

*giving the fox the key to the hen-
house*

cyfarth gyda'r cŵn a rhedeg gyda'r
cadno

*run with the fox and hunt with the
hounds*

cadw dy afraid erbyn dy raid

waste not want not

cadw ceiniog, ennill ceiniog

save a penny, make a penny

cadw dy ardd, ceidw dy ardd
dithau

*look after your garden and your
garden will look after you*

a gadwer, a geir wrth raid

put it one side for a rainy day

gorau camp: cadw

conservation is the highest attainment

ni ellir cadw torth a'i bwyta

you can't have your cake and eat it

a geir yn rhad a gerdd yn rhwydd

easy come, easy go

caffed amynedd ei berffaith waith

all things come to those who wait

cadwyn: nerth cadwyn ei dolen
wannaf

a chain is as strong as its weakest link

methiant un ddolen sy'n torri'r
gadwyn gyfan

*a chain is only as strong as its
weakest link*

cael: ci a gerddo a gaiff

*if you don't speculate you won't
accumulate*

a geir yn rhad a gerdd yn rhwydd	*easy come, easy go*
rhwydd ei gael, rhwydd ei golli	*easy come, easy go*
calon: cenedl heb iaith, cenedl heb galon	*a nation with no language, a nation with no heart*
call: mae'r calla'n colli weithiau	*no one's perfect*
awgrym i gall, gair i angall	*a nod to the wise a word with the foolish*
call pob ffôl yn ei olwg ei hun	*every fool's a genius in his own estimation*
pan gyll y call fe gyll ymhell	*when a big man falls into a bog he sinks further than most*
unwaith yn unig y mae twyllo un call	*once bitten twice shy*
cam dros y trothwy, hanner y daith	*half the job is getting started*
cam dros y trothwy, hanner y daith	*half the job is getting started*
camfa: ni ellir croesi'r gamfa nes dod ati	*don't cross your bridges till you come to them*
camgymeriad: o gyfrif camgymeriadau cyfaill, collir y cyfaill	*by counting a friend's mistakes you lose a friend*
nid rhyddid rhyddid nad yw'n derbyn camgymeriadau	*freedom that accepts no mistakes is not freedom*
mae'r dyn doeth yn dysgu wrth gamgymeriadau eraill, mae'r dyn ffôl yn dysgu wrth ei gamgymeriadau ei hun	*a wise man learns from other people's mistakes, a foolish man learns from his own*
camp: lle bo camp bydd rhemp	*wherever there's a winner there will be detractors*
gorau camp, cadw	*conservation is the highest attainment*
cân: diwedd y gân yw'r geiniog	*it all comes down to money*
caneri: dim gobaith caneri	
yr oedd caneri dan ddaear yn synhwyro nwy ffrwydrol ac yn trigo, a oedd yn rhybudd i'r glowyr	*not a hope in hell*
canmol: nid yw cariad yn gwybod sut i feio, nid yw casineb yn gwybod sut i ganmol	*love finds no fault; hate finds nothing to approve*

cannwyll: ni chollir dim gan gannwyll wrth iddi oleuo cannwyll arall — *a candle loses nothing by lighting another candle*

nid ydym ond canhwyllau'n llosgi yn y gwynt — *we are but candles blowing in the wind*

gwell cynnau cannwyll na melltithio'r tywyllwch — *better to light a candle than rage against the dark*

llosgi'r gannwyll yn y ddau ben — *burn the candle from both ends*

canu: nid yw aderyn yn canu er mwyn dweud dim, ond oherwydd fod ganddo gân — *a bird doesn't sing because it has something to say but because it has a song*

byd gwyn fydd byd a gano — *blessed is a world that sings*

cân di bennill mwyn i'th nain, fe gân dy nain i tithau — *you scratch my back, I'll scratch yours*

canu crwth i fyddar — *a waste of time and effort*

nid â nerth braich ac ysgwydd y mae canu crwth — *brute strength's no use when playing the fiddle*
gw. crwth

cap: gwisga'r cap os yw'r cap yn ffitio — *if the cap fits, wear it*

pluen yn fy nghap — *feather in one's cap*
arfer Indiaid America oedd gwisgo pluen am bob gelyn a laddwyd ganddynt

cariad: nid yw cariad yn gwybod sut i feio, nid yw casineb yn gwybod sut i ganmol — *love finds no fault; hate finds nothing to approve*

cariad sy'n gorchfygu popeth — *love conquers all*

nid yw casineb yn gallu trechu casineb, dim ond cariad sy'n gallu gwneud hyn — *hate cannot defeat hate, only love can do that*

oer yw'r cariad sy'n diffodd ar un chwa o wynt — *it's not a very strong love that's extinguished by a single puff of wind*

trwy gicio a brathu mae cariad yn magu — *love grows kicking and screaming*

mae'r afr yn caru ei myn, bid ef yn ddu, bid ef yn wyn — *a mother's child can do no wrong* cas gŵr nad yw'n caru ei wlad ei hun — *woe betide the man who loves not his homeland*

cario tywod mewn sach â thwll yw dweud cyfrinach wrth rywun penchwiban — *revealing a secret to a scatterbrain is like carrying sand in a sack with a hole*

nid yw'r un sy'n cael ei gario yn deall pa mor bell yw'r dref — *it's not the person carried who appreciates how distant is the town*

carreg: mae angen sawl math o gerrig i godi wal — *a good wall needs a variety of stone*

sicra'r mur po arwa'r garreg — *the rougher the stone the stronger the wall*

dyfal donc sy'n torri'r garreg — *perseverance pays*

gofala fod carreg dy ddrws dy hun yn lân *arfer yn yr hen gymoedd glo oedd cadw stepen drws lân* — *keep your own house in order*

ni chabolir carreg heb ei sgathru na dyn heb ei drallod — *a stone cannot be polished without grinding nor a man without tribulation*

mwy gwerthfawr gem â nam na charreg berffaith — *a faulty jewel is more precious than a perfect pebble*

a bryn dir a bryn gerrig — *nothing is perfect*

cart: rhoi'r cart o flaen y ceffyl — *put the cart before the horse*

doethineb a daioni, dwy olwyn un cart — *wisdom and goodness, two wheels on the same cart*

caru'r nyth ac nid yr aderyn — *love the nest (property) more than the bird*

cas athro heb amynedd — *woe betide an impatient teacher*

cas gŵr nad yw'n caru ei wlad ei hun — *woe betide the man who loves not his homeland*

cas wely, cas godi — *late to bed, late to rise*

casglu: a gasglodd y tad trwy gybydd-dra, mab afradus a'i gwastraffa — *easy come easy go*

y llaw sy'n rhoi sy'n casglu — *the hand that gives is the hand that receives*

casineb: nid yw cariad yn gwybod sut i feio, nid yw casineb yn gwybod sut i ganmol — *love finds no fault; hate finds nothing to approve*

nid yw casineb yn gallu trechu casineb, dim ond cariad sy'n gallu gwneud hyn — *hate cannot defeat hate only love can do that*

does dim moddion sy'n gwella casineb — *there's no remedy for hate*

cast: anodd tynnu cast o hen geffyl *arfer drwg* — *you can't teach an old dog new tricks*

castell: codi cestyll yn yr awyr — *build castles in the air*

cath: gollwng y gath o'r cwd — *let the cat out of the bag*

naw byw cath — *cat's nine lives*

cau: haws cau llygaid na chau ceg — *it's easier to shut your eyes than your mouth*

cawl: mae natur y cyw yn y cawl — *betrays its roots*

cawnen: gwell plygu fel cawnen na chwympo fel derwen — *better to bend like a reed than to snap like a tree*

ceffyl: rhoi'r cart o flaen y ceffyl — *put the cart before the horse*

ar gefn fy ngheffyl — *on my high horse*

ar gefn fy ngheffyl gwyn — *happy as a lark*

ceffyl da yw ewyllys — *where there's a will there's a way*

ceidwad: ai ceidwad fy mrawd ydwyf fi — *am I my brother's keeper*

ceiliog: ar ben ei domen, pob ceiliog fydd frenin — *cock of the walk*

torri crib ceiliog *gw.*crib — *bring (someone) down a peg or two*

ceilliau: sgleinio fel ceilliau ci — *shining like a dog's testicles*

ceiniog: ni cheir y geiniog a'r geiniogwerth — *can't have your cake and eat it*

cadw ceiniog, ennill ceiniog — *save a penny, make a penny*

diwedd y gân yw'r geiniog — *it all comes down to money*

gwell ceiniog gyson na phunt ysbeidiol — *a steady penny beats the occasional pound*

edrych yn llygad y geiniog	*parsimonious*
mae'r gwyddau yn y ceirch	*the fat's in the fire*
celfyddyd: gwaith celf yn cuddio'i gyfrinach	*true art conceals its craft*
angen yw mam pob celfyddyd	*necessity is the mother of invention*
celwydd: mae un celwydd yn difetha mil o wironeddau	*a single lie destroys a hundred truths*
mwya' celwydd, hanner y gwir	*the biggest lie is half the truth*
rhaid cael cof da i ddweud celwydd	*a good liar needs a good memory*
bost a chelwydd, nid deupeth ydynt	*to boast and to lie are one and the same*
celwydd golau a wna ddrwg i'r sawl sy'n ei adrodd	*little white lies bite the teller*
cellwair: paid â chellwair gyda'th elyn	*don't trifle with the enemy*
cenedl heb iaith, cenedl heb galon	*a nation with no language, a nation with no heart*
cennad hwyr, drwg ei neges	*late messenger, bad news*
cerdded: rhaid cropian cyn cerdded	*you must learn to walk before you run*
cerrig *gw.* carreg	
cerydd: gwell cerydd cyfaill na gwên gelyn	*a friend's scowl is more valuable than an enemy's smile*
ceulan: tan y geulan mae'r pysgod gorau	*the biggest fish are found under the bank*
ci: gwell y ci sy'n cyfarth na'r un sy'n cnoi	*prefer a dog that barks to one that bites*
a fager ymysg cŵn, a ddysg gyfarth a chnoi	*a leopard doesn't change its spots*
gormod o bwdin a dagith gi	*choking on too much cream*
cic: trwy gicio a brathu mae cariad yn magu	*love grows kicking and screaming*
does dim disgwyl gan ful ond cic	*what would you expect from an ass other than a kick?*
cicio nyth cacwn	*disturb a hornets' nest*

clawdd: câr dy gymydog ond cadw
dy glawdd

good hedges make good neighbours

   cymydog da yw clawdd

good hedges make good neighbours

cloch: uchel fy nghloch

a bell in every tooth

clod: a fynno glod bid farw

fame follows death

   os mynni glod, bydd farw

die first if you want to be famous

   seinio fy nghlodydd fy hun

blow your own trumpet

clust: i mewn trwy un glust ac allan
drwy'r llall

*in through one ear out through the
other*

   mae clustiau gan gloddiau a
   llygaid gan berthi

walls have ears and hedges have eyes

   mae clustiau mawr gan foch bach
   plant

little piglets have big ears

clwt: gwell clwt na thwll

a patch is better than a hole

clwydo: dim ond un gangen sydd ei
hangen ar aderyn i glwydo

*a bird needs only a single branch on
which to roost*

clywed: does neb mor fyddar â
rhywun nad yw'n dewis clywed

*there's none so deaf as those who will
not hear*

   weithiau rhaid distewi er mwyn
   cael dy glywed

*sometimes you need to be silent in
order to be heard*

   a ddywedo a fynno a glyw nas
   mynno

*say what you like but you won't like
what you hear*

   taro'r post i'r pared glywed

drop a hint

clwyf: rhag pob clwyf, eli amser

time the great healer

cnaf: gwell bod tipyn o gnaf na
gormod o ffŵl

*better to be a bit of a rogue than too
much of a fool*

cneuen: y gneuen wag sydd galetaf

the empty nut is the hardest

cnoi: gwell y ci sy'n cyfarth na'r un
sy'n cnoi

*prefer a dog that barks to one that
bites*

codi cestyll yn yr awyr

build castles in the air

   codi'n fore, hanner gore'r gwaith

an early start is the best start

   cyn codi cŵn Caer

first up

*roedd yr hen Gymry yn gorfod
mentro trwy Gaer er mwyn dwyn
halen, a hynny cyn i'r cŵn godi*

cwsg gyda'r ddafad, cod gyda'r ehedydd	*early to bed, early to rise*
mae pob cwch yn cael ei godi gan y llanw	*a rising tide lifts all the boats*
os syrthiaist, nac oeda godi	*if you fall, get up at once*
coed: methu gweld y coed gan brennau	*can't see the wood for the trees*
coeden: unioni coeden pan fydd yn ifanc	*straighten a tree when it's a sapling*
os dringi di goeden rhaid disgyn hyd yr un goeden	*the tree you climb is the one you have to descend*
coedwig: paid â galw coedwig sy'n dy gysgodi yn jyngl	*don't mistake the trees that protect you for a jungle*
mae teulu fel coedwig: o'r tu allan mae'n ddudew, oddi mewn fe welwch fod gan bob coeden ei lle	*a family is like a forest, impenetrable from afar but within, each tree has its place*
coel: pob dihareb gwir, pob coel celwydd	*every proverb true, every superstition false*
cof fel eliffant	*a memory like an elephant*
cof fel gogor	*a memory like a sieve*
cof sy'n llithro, llythyr sy'n cadw	*where memory fails, writing records*
mae angen cof da ar gelwyddgi	*a successful liar needs a good memory*
gorau cof, llyfr	*the safest memory, a book*
llosgi unwaith; cofio canwaith	*once bitten twice shy*
cofnodi: nid yw distawrwydd yn cael ei gofnodi	*silence is never recorded*
coler: nid ei goler sy'n gwneud gweinidog	*it's not his collar that makes a minister*
colli: gorau peth, peth a gollwyd	*the most precious thing – the one you lost*
ni chollir dim gan gannwyll wrth iddi oleuo cannwyll arall	*a candle loses nothing by lighting another candle*
pan gyll y call fe gyll ymhell	*when a big man falls into a bog he sinks further than most*
rhwydd ei gael, rhwydd ei golli	*easy come easy go*

rhy lawn a gyll

full to overflowing

mae'r calla'n colli weithiau

no one's perfect

y gwan ei galon sy'n ei cholli

it's the faint-hearted that lose heart

condemnio: gofala nad wyt ti'n gwneud yr hyn rwyt ti'n ei gondemnio mewn eraill

don't do to others that which you wouldn't want them to do to you

corwynt: a heuo'r gwynt a fed y corwynt

sow the wind and reap the whirlwind

cosi: cos din taeog; efe a gach yn dy law

scratch a boor's arse and he'll shit in your hand

cot: torri'r got yn ôl y brethyn

cut the coat according to the cloth

cownter: mae llathen o gownter yn well nag acer o dir

a yard of counter is more productive than an acre of land

crachen: hawdd tynnu gwaed o ben hen grachen

it's easy to draw blood from an old wound

crafu: lle crafa'r iâr y piga'r cyw

like mother like daughter

craig: y graig y'm (y'th, y'i, a.y.b.) naddwyd ohoni

the rock from which I'm hewn

os cregyn gweigion sydd yn y sach/cregyn ddaw allan bobol bach

garbage in garbage out

credu: os credi di un gair ym mhob deg a glywi fe gei di rywfaint o'r gwir

if you believe a tenth of what you hear you'll get an inkling of the truth

gwae'r un nad yw'n credu neb na neb yn ei gredu ef

woe betide someone who believes no one and whom no one believes

gwae un sy'n credu pob chwedl a glyw

woe betide the one who believes everything they hear

crefft: gweddw crefft heb ei dawn

there can be no craft where there is no skill

crib: profiad yw'r crib a roddir inni gan fywyd ar ôl moeli

experience is the comb life gives you - after you go bald

torri crib ceiliog *o'r arfer o dorri crib ceiliog wedi ei ddisbaddu*

bring (someone) down a peg or two

crochan: gwell yn y crochan nag yn y tân

better in the frying pan than in the fire

croen: iachaf croen, croen cachgi — *flight not fight*

croesi: ni ellir croesi'r gamfa nes dod ati — *don't cross your bridges till you come to them*

heb rwyfau ni ellir croesi afon mewn cwch — *you'll not cross a river in a boat without oars*

cropian: rhaid cropian cyn cerdded — *you must learn to walk before you run*

wrth gropian mae plentyn yn dysgu sefyll — *from crawling a child learns to stand*

credu: os credi di un gair ym mhob deg a glywi fe gei di rywfaint o'r gwir — *if you believe a tenth of what you hear you'll get an inkling of the truth*

crwth: nid â nerth braich ac ysgwydd y mae canu crwth *hen ffidil* — *brute strength's no use when playing the fiddle*

crwydro: ffôl sy'n crwydro, mae'r doeth yn teithio — *a fool wanders, a wise man goes on a journey*

crydd: nid y crydd sy'n gwybod orau lle mae'r esgid yn gwasgu — *the cobbler isn't the best one to know where the shoe pinches*

cryf: cryfach edau yn gyfrodedd — *united we stand*

oni byddi gryf, bydd gyfrwys — *if you're not strong be smart*

crys: edefyn gan bawb rydd grys i dlawd — *a thread from each will clothe the poor*

cuddio: gwaith celf yn cuddio'i gyfrinach — *true art conceals its craft*

mae cyfoeth yn cuddio pob anghyfiawnder — *wealth hides all injustice*

llawer gwir; gorau ei guddio — *many a truth is best kept hidden*

nid yw'r ynfyd yn gallu cuddio'i feddwl — *the foolish person cannot hide his thoughts*

curo: curwch yr haearn tra byddo'n boeth *gwaith gof* — *strike while the iron's hot*

cwch: yn yr un cwch — *in the same boat*

heb rwyfau ni ellir croesi afon mewn cwch — *you'll not cross a river in a boat without oars*

cwestiwn: mae pob ateb yn codi cwestiwn newydd — *every answer raises a new question*

cwmni: os am deithio'n gyflym ewch wrthych eich hun, os am deithio'n bell ewch yn gwmni

to travel quickly, travel alone, to travel far, travel in a group

cŵn *gw.* ci

cwpan: troi fel cwpan mewn dŵr

turn every which way and but

cwrw ym mol, twrw ym mhen

three sheets in the wind

allwedd calon cwrw da

sobriety conceals, inebriation reveals

cwsg: diofal cwsg potes maip
yn hytrach na chwsg ar ôl cig wedi'i botsian

sleep the sleep of the just

cwympo: paid edrych lle y cwympaist ond lle y llithraist

don't look where you fell but where you slipped

bydd derwen yn cwympo'n gynt na miaren

an oak will fall sooner than a bramble

gwell plygu fel cawnen na chwympo fel derwen

better to bend like a reed than to snap like a tree

cwys: amlaf ei gŵys, amlaf ei ysgub

as ye sow so shall ye reap

cybydd bob amser mewn angen

a miser is always in need

cychwyn: mae taith mil o filltiroedd yn cychwyn ag un cam

a journey of a thousand miles begins with a single step

cydio maes wrth faes

acquire estates

cydnabod: deuparth cywiro cydnabod

admitting it is the hardest part of forgiveness

cydradd: bedd a wna bawb yn gydradd

all are equal in the face of death

cydwybod: gorau barnwr, cydwybod

conscience is the surest judge

cydwybod yw'r nyth a ddeor bob daioni

conscience is where all good is bred

llais deilen yn y gwynt sy'n tarfu ar gydwybod euog

a guilty person flees from his own shadow

cyfaill a lŷn wrthyt yn well na brawd

a friend that sticketh closer than a brother

cyfaill blaidd, bugail diog

a lazy shepherd is a wolf's best friend

cyfaill pawb: cyfaill neb

a friend to everyone: a friend to none

eich cyfaill gorau a'ch gelyn pennaf - oddi mewn y maent	*your staunchest ally and deadliest foe are found within you*
gellir adnabod dyn wrth ei gyfeillion	*you can tell a man by his friends*
gorau osgoi cyfaill a ddaw'n feistr	*avoid a friend who becomes your boss*
câr cywir - yn yr ing a welir	*a true friend is to be found in adversity*
wrth ei gyfeillion y mae adnabod dyn	*you can tell a man by his friends*
cyfarfod: bydd dau ddyn yn cyfarfod yn gynt na dau fynydd	*two men can meet, not so two mountains*
cyfarth gyda'r cŵn a rhedeg gyda'r cadno	*run with the fox and hunt with the hounds*
nid y ci sy'n cyfarth sy'n cnoi	*a barking dog seldom bites*
gwell y ci sy'n cyfarth na'r un sy'n cnoi	*prefer a dog that barks to one that bites*
ofer cadw ci a chyfarth dy hunan	*waste of time and effort keeping a dog and barking yourself*
cyfiawnder: nid cyfraith heb gyfiawnder	*no law without justice*
cyfleustra yw hufen amser	*seize the opportunity when it arises*
cyfleustra sy'n gwneud lleidr	*opportunity is the making of a thief*
cyflog y gwynt yw glaw	*first the wind then the rain*
cyflym: os am deithio'n gyflym ewch wrthych eich hun, os am deithio'n bell ewch yn gwmni	*to travel quickly, travel alone, to travel far, travel in a group*
cyfoeth yn cuddio pob anghyfiawnder	*wealth hides all injustice*
cyfoethog pob bodlon	*satisfaction is the best of riches*
gorau cyfoeth: iechyd	*the greatest treasure, good health*
cyfraith: nid cyfraith heb gyfiawnder	*no law without justice*
cyfrif: paid â chyfri'r cywion yn eu cibau	*don't count your chickens before they're hatched*
dylid pwyso geiriau nid eu cyfrif	*words should be weighed not counted*
cyfrinach: nid cyfrinach ond rhwng dau	*a secret will not survive between more than two*

cario tywod mewn sach â thwll yw dweud cyfrinach wrth rywun penchwiban

revealing a secret to a scatterbrain is like carrying sand in a sack with a hole

mae gwaith celf yn cuddio'i gyfrinach

true art conceals its craft

cyfrodedd: cadarnach yw'r edau yn gyfrodedd

united we stand

cyfrwys: oni byddi gryf, bydd gyfrwys

if you're not strong be smart

cyffylog: nid wrth ei big y mae prynu cyffylog

don't judge a book by its covers

cyngor dyn doeth, gwell nag aur coeth

a word from the wise, more valuable than gold

ceisiwch gyngor ond defnyddiwch synnwyr

take advice but use your head

gwyliwch gyngor y gath i'r llygoden

beware of the cat's advice to the mice

peidiwch â chynnig halen na chyngor nes bod rhywun yn gofyn amdano

don't offer salt or an opinion until someone asks for it

cyllell: ni all cyllell naddu ei dolen ei hun

a knife cannot carve its own handle

cymeriad: drwy arfer beunyddiol mae adeiladu cymeriad

character is built by daily observance

cymodi: hawdd cymodi lle bo cariad

reconciliation is easy where there is love

Cymro: gorau Cymro, Cymro oddi cartref

the further from home, the better the Welshman

tri chynnig i Gymro

three gos for a Welshman

cymwynas: a fynno gymwynas, gwna gymwynas

to gain a favour, do a favour

gwell addewid o gymwynas na chant a fu

rather a favour promised than a hundred fulfilled

cymydog: câr dy gymydog ond cadw dy glawdd

good hedges make good neighbours

gwell cymydog yn agos na brawd ymhell
a near neighbour is better than a distant brother

cynddaredd: paid â gadael i'r haul fachlud ar dy gynddaredd
don't let the sun set on your anger

cynefin: ni bydd parch i hen gynefin
no respect for the old ways

cynffon: tro yn ei gynffon
a twist in the tail

cynilo: yng ngenau'r sach mae cynilo'r blawd
you start saving in the mouth of the sack

cynllunio: wrth gynllunio am flwyddyn plannwch ŷd, wrth gynllunio am ddegawd plannwch goed, wrth gynllunio am oes dysgwch bobl
plan for a year by planting corn; plan for a decade by planting trees; to plan for life, teach people

cynnau: hawdd cynnau tân ar hen aelwyd
it's easy to rekindle a fire on an old hearth

gwell cynnau cannwyll na melltithio'r tywyllwch
better to light a candle than rage against the dark

cynnen: rhaid wrth wrthwynebydd i gynnal cynnen
it takes two to tango

hawddfyd sy'n codi cynnen
prosperity causes friction

cynnig: tri chynnig i Gymro
three gos for a Welshman

cyntaf i'r efail gaiff bedoli
first come, first served

cyntaf i'r felin gaiff falu
the early bird catches the worm

cyrchu dŵr dros afon
carry coals to Newcastle

cyrraedd: gwell teithio mewn gobaith na chyrraedd mewn anobaith
better to travel in hope than to arrive hopeless

cysgod: duach cysgod wrth fôn goleudy
the darkest shadow lies at the foot of a lighthouse

cysgu: cwsg gwir ar ddrain, ni chwsg anwir ar blu
truth can sleep on thorns, liars can't sleep on feathers

cwsg gyda'r ddafad, cod gyda'r ehedydd
early to bed, early to rise

cwsg yw bywyd heb lyfrau
life without books is dormant

cysgu fel twrch
sleep like a mole

mae galar yn gallu cysgu, nid felly gofal	*grief can slumber, care can't*
nid yw serch yn cysgu	*desire doesn't sleep*
pan fydd trallod yn cysgu peidiwch â'i ddeffro	*let sleeping dogs lie*
cyson: gwell ceiniog gyson na phunt ysbeidiol	*a steady penny beats the occasional pound*
cystal: mae cystal pysgod yn y môr ag a ddaliwyd	*there are always more fish in the sea*
cythraul: heddiw'n angel ; yfory'n gythraul	*today an angel, tomorrow a devil*
draenen ddu yn fistar ar gythraul	*a blackthorn cudgel can tame the devil*
cyw a fegir yn uffern yn uffern y myn fod	*lthe eopard doesn't change its spots*
gwyn y gwêl y frân ei chyw	*a mother's child can do no wrong*
paid â chyfri'r cywion yn eu cibau	*don't count your chickens before they're hatched*
mae natur y cyw yn y cawl	*betrays its roots*
cywely: nid cywely llwyddiant a gorffwys	*success and slacking don't make for good bedfellows*
cywilydd: a'm twyllo unwaith, rhag dy gywilydd; a'm twyllo eilwaith, rhag fy nghywilydd	*woe betide him who tricks me once; woe betide me if he tricks me twice*
cywiro: deuparth cywiro, cydnabod	*admitting it is the hardest part of forgiveness*
drwy feiau eraill mae'r doeth yn cywiro ei feiau ei hun	*learn from other people's mistakes*
haws cywiro gair na gweithred	*it's easier to correct a word than a deed*

Ch

chwa o awyr iach — *a breath of fresh air*

chwannen: chwim fel chwannen — *fast as a flea*

chwarae: mae chwarae'n troi'n chwerw — *it will all end in tears*

chwedl: gwae un sy'n credu pob chwedl a glyw — *woe be the one who believes everything they hear*

chwerthin yw moddion gorau afiechydon fil — *laughter is the best medicine*

chwennych: o chwennych rhosyn, goddefa'r drain — *if you desire roses you must cope with the thorns*

chwerw ar y tafod, melys yn y bola — *bitter on the tongue, sweet in the stomach*

gofalwch nad yw chwarae'n troi'n chwerw — *it will all end in tears*

ni cheir y melys heb y chwerw — *bittersweet*

chwilen yn fy mhen — *a bee in my bonnet*

chwilio am nyth cwhwrw — *a wild goose chase*

chwim fel chwannen — *fast as a flea*

chwyn: nid oes gardd heb ei chwyn — *every garden has weeds*

fedri di ddim dyfrio blodau heb ddyfrio chwyn — *you can't always pick and choose*

os na ddaw'r gwenith mi ddaw'r chwyn — *if the wheat doesn't grow the weeds will*

chwysu: os na chwysi wrth hogi, fe chwysi wrth dorri *sylw o oes y cryman a'r bladur* — *if you don't sweat when you whet the blade you'll sweat when you cut with it*

D

da dant at ffrwyno tafod	*bite your tongue*
da yw Duw i bawb	*God is good*
da gan y gath bysgod, ond nid da ganddi wlychu ei thraed	*a cat loves fish but hates wetting her feet*
da yw dweud ond gwell yw gwneud	*actions speak louder than words*
nid da lle gellir gwell	*good is no good when there's better*
cydwybod yw'r nyth a ddeor bob daioni	*conscience is where all good is bred*
daioni yw gwneud nid dweud	*do good rather than talk good*
ni ddaw drwg i un na ddaw â da i arall	*one man's meat is another man's poison*
dadl:dadlau: cyn barnu mae dadlau	*first consider then conclude*
prawf nid dadl	*proof is what's needed not argument*
dafad ddu ym mhob praidd	*there's a black sheep in every flock*
rhech dafad	*fart in a thunderstorm*
dangos: mae pob un heb yn wybod yn dangos beth yw	*everyone unconsciously gives themselves away*
dail crin ddychwel i'w gwreiddiau	*leaves fall near their roots*
dal: does dim yn dal mwy na'i lond	*there's only so much that one can take*
dal llygoden a'i bwyta	*live from hand to mouth*
os wyt ti'n cyrchu dwy sgwarnog wnei di ddim dal yr un	*if you chase two hares you won't catch either*
gonest pob lleidr nes ei ddal	*every thief is as honest as the day is long until caught*
mae dal dig yn costio'n ddrud	*grudges cost money*
dalen lân y mae pawb yn gadael ei ôl arni yw bywyd plentyn	*tabula rasa – a child's life*
dall: y dall yn tywys y dall	*the blind leading the blind*

dallaf o bawb na fynn weld	*there's none so blind as they who will not see*
ofer dangos y dibyn i'r dall	*a waste of time and effort showing a blind person the edge of a cliff*
dant:dannedd da dant at ffrwyno tafod	*bite your tongue*
nid edrychir ar ddannedd march rhodd *ei ddannedd sy'n dynodi oedran ceffyl*	*don't look a gift horse in the mouth*
darllen: a ddarlleno, ystyried	*pay attention to what you read*
datgelu: i'r sawl sy'n gwylio mae pethau'n datgelu eu hunain	*thing reveal themselves to the observant*
dau: rhaid cael dau i ffraeo	*it takes two to tango*
daw eto haul ar fryn	*things will improve*
daw rhywbeth o rywbeth; ddaw dim o ddim	*something is better than nothing*
dawn: gweddw crefft heb ei dawn	*there can be no craft where there is no skill*
heb ddysg, heb ddawn	*there can be no attainment without learning*
deall: nid yw'r un sy'n cael ei gario yn deall pa mor bell yw'r dref	*it's not the person carried who appreciates how distant is the town*
anodd dallt ymennydd dyn	*there's nowt stranger than folk*
dechrau: a ddechreuo lawer a orffen ychydig	*too many irons in the fire*
deuparth gwaith yw ei ddechrau	*the hardest part of a job is getting started*
dedwydd pob anwybod	*ignorance is bliss*
diwyd fel i fyw byth, dedwydd fel i farw fory	*work as if you'll live forever, live as if you'll die tomorrow*
defnyn sy'n dryllio'r garreg nid o gryfder ond o fynych syrthio	*water drills rock not by force but by constant dripping*
deffro: na ddeffroer blaidd o'i gwsg	*let sleeping dogs lie*
pan fydd trallod yn cysgu peidiwch â'i ddeffro	*let sleeping dogs lie*

deilen: llais deilen yn y gwynt sy'n tarfu ar gydwybod euog
a guilty person flees from his own shadow

deor: cydwybod yw'r nyth a ddeor bob daioni
conscience is where all good is bred

derwen: y fesen yn dderwen a ddaw
great oaks from little acorns grow

bydd derwen yn cwympo'n gynt na miaren
an oak will fall sooner than a bramble

y **Diafol** yn gweld bai ar bechod
the pot calling the kettle black

angel pen ffordd a diawl pen pentan
an angel abroad a devil at home

dial: gorau dial; dangos cam a'i faddau
the finest revenge; pointing out a wrong and overlooking it

dianc: paid â dilyn dyn sy'n dianc
don't follow someone who is running away

diben: does dim diben mynd o flaen gofid
don't go out to meet trouble

dibryder: yn ddibryder mae teithio'n bell
to travel far you need to get rid of all your cares

dieithr: gŵr dieithr yw yfory
tomorrow is another day

difetha: mae un celwydd yn difetha mil o wirioneddau
a single lie destroys a hundred truths

diflannu fel iâr i ddodi
slip away

mae geiriau'n diflannu ond mae gweithredoedd yn sefyll
words evaporate, deeds remain

diflas: un llysieuyn diflas sy'n difwyno'r holl botes
a bad apple spoils the barrel

diffodd: hawdd cynnau eithin crin, anodd ei ddiffodd
dried out gorse lights easily but is not easily extinguished

digio: mae dal dig yn costio'n ddrud
grudges cost money

dweud y gwir sy'n digio llawer
truth hurts

digolled: a fo ddigywilydd, a fo'n ddigolled
no one has lost a penny by being too brazen

digon i bob dyn ei faich ei hun
sufficient to each man his own burden

digon i'r diwrnod ei ddrwg ei hun	*sufficient unto the day is the evil thereof*
digon yw digon a gormod sydd flin	*enough is enough and no more*
digon yw ychydig yn rhagor nag sydd gennyt	*sufficient is a little more than you already have*
gwell digon na gormod	*an elegant sufficiency, any more would be a superfluity*
nid yw trachwant byth yn cael digon	*lust is never satisfied*
digywilydd: a fo ddigywilydd, a fo'n ddigolled	*no one has lost a penny by being too brazen*
dihareb: plant gwirionedd yw hen ddiarhebion	*old proverbs are the siblings of truth*
pob dihareb gwir, pob coel celwydd	*every proverb true, every superstition false*
dileu: mae'r awduron gorau yn gorfod dileu weithiau	*even the best of authors has to delete stuff*
dilyn: paid â dilyn dyn sy'n dianc	*don't follow someone who is running away*
dillad: os dillad yw'r dyn, y dyn yw'r truan	*if clothes maketh the man - poor man*
dim: blas ar beth; does dim blas ar ddim	*'something' has a flavour, 'nothing' has none*
gormod o ddim nid yw dda	*no good comes from too much*
gwell hanner na dim	*half is better than none*
ni cheir dim am ddim	*nothing is for nothing*
daw rhywbeth o rywbeth; ddaw dim o ddim	*something is better than nothing*
dyn sy'n gwneud dim sy'n dysgu gwneud drwg	*idle hands are the devil's workshop*
diniwed pawb os gwrandewi arnynt	*according to them they never did anyone any harm*
dioddef: a ddioddefws a orfu	*what doesn't destroy us makes us stronger*

diogel: po ddyfnaf y môr, diogelaf
fydd i'r llong

the deeper the sea, the safer the ship

byddai hyd yn oed bysgodyn yn
ddiogel pe na bai'n agor ei geg

*you wouldn't catch a fish unless it
opened its mouth*

diogi: ffynhonnell pob anffawd:
diogi

sloth lies at the root of all evil

hedyn pob drwg: diogi

sloth is the seed of all evil

nid diogi, ymdrechu a methu

striving and failing is not idleness

dirmygu: gwae'r un sy'n dirmygu
arall am y beiau sydd arno fo ei hun

*woe betide them who criticise in
others the faults they have themselves*

disgyn: os dringi di goeden, rhaid
disgyn hyd yr un goeden

*the tree you climb is the one you have
to descend*

distawrwydd rydd hawl

occur by default

bydd ddistaw a gwna lawer

shut up and get on with it

mae distawrwydd yn aml yn ateb

silence too can be an answer

nid yw distawrwydd yn cael ei
gofnodi

silence is never put on record

weithiau rhaid distewi er mwyn
cael dy glywed

*sometimes you need to be silent in
order to be heard*

mae siarad yn naturiol, mae
distewi yn ddoeth

speaking is natural, silence is wise

diwedd y gân yw'r geiniog

it all comes down to money

ar ddiwedd y mae barnu

the show isn't over till the fat lady sings

diwrnod: digon i'r diwrnod ei
ddrwg ei hun

*sufficient unto the day is the evil
thereof*

diwyd fel i fyw byth, dedwydd fel i
farw fory

*work as if you'll live forever, live as if
you'll die tomorrow*

dodi: diflannu fel iâr i ddodi

slip away

doeth: **doethineb**: amynedd yw
mam pob doethineb

patience is a virtue

doethineb a daioni dwy olwyn un
cart

*wisdom and goodness, two wheels on
the same cart*

arf doeth - pwyll: arf ynfyd - dur

jaw jaw not war war

doeth a wrendy, ffôl a lefair

a wise man listens, a fool prattles

doeth sy'n newid ei farn, ffôl sy'n ei chadw'n gadarn

the wise change their mind, it's the fool that's resolute

doeth dwl tra tawo

even a fool is wise until he opens his mouth

doeth ni ddywed a ŵyr

a wise man keeps his own counsel

drwy feiau eraill mae'r doeth yn cywiro ei feiau ei hun

learn from other people's mistakes

gwers gyntaf doethineb: adnabod dy hunan

wisdom's first lesson: know thyself

mae'r dyn doeth yn dilyn ei farn bersonol, mae'r dyn ffôl yn dilyn barn y cyhoedd

the wise man forms his own opinion, the foolish man adopts public opinion

mae'r dyn doeth yn dysgu wrth gamgymeriadau eraill, mae'r dyn ffôl yn dysgu wrth ei gamgymeriadau ei hun

a wise man learns from other people's mistakes, a foolish man learns from his own

hawdd bod yn ddoeth drannoeth y digwydd

easy to be wise after the event

un doeth sy'n caru'r encilion

it's a wise man who remains in the background

mae siarad yn naturiol, mae distewi yn ddoeth

speaking is natural, silence is wise

dolen: nerth cadwyn ei dolen wannaf

a chain is as strong as its weakest link

dolur: nid yw un dyn yn gwybod dolur y llall

nobody knows the trouble I've seen

pawb â'i fys lle bo'i ddolur.

each to his own

mae eli i bob dolur

every ache has its balm

draenen ddu yn fistar ar gythraul

a blackthorn cudgel can tame the devil

draenen yn ystlys

thorn in the flesh

drain: o chwennych rhosyn, goddefa'r drain

if you desire roses you must cope with the thorns

a heuo ddrain, na fid droednoeth

sowers of thistles should not walk bare-foot

drewi fel ffwlbart

pwff a drewi dyna i gyd

all wind and piss

dringo: os dringi di goeden rhaid disgyn hyd yr un goeden

the tree you climb is the one you have to descend

    yr un sy'n dringo yw'r un sy'n syrthio

you only fall if you start climbing

    hyder sy'n gwneud dringwr

confidence is the making of a climber

drwg: ni ddaw drwg i un na ddaw â da at arall

one man's meat is another man's poison

    dyn sy'n gwneud dim sy'n dysgu gwneud drwg

idle hands are the devil's workshop

    afal pwdr a ddryga'i gyfeillion

a bad apple spoils the barrel

    pen y ffordd i wneud drwg yw peidio gwneud daioni

the road to all evil begins with doing no good

    hedyn pob drwg: diogi

sloth is the seed of all evil

dryllio: defnyn sy'n dryllio'r garreg nid o gryfder ond o fynych syrthio

water drills rock not by force but by constant dripping

dryw: pisio dryw bach yn y môr

a fart in a thunderstorm

du: duach cysgod wrth fôn goleudy

the darkest shadow lies at the foot of a lighthouse

dur: arf doeth - pwyll: arf ynfyd - dur

jaw jaw not war war

Duw: heb Dduw, heb ddim

without God there is nothing

    da yw Duw i bawb

God is good

dweud pader wrth berson

teach your grandmother to suck eggs

    dweud y gwir sy'n digio llawer

truth hurts

    a ddywedo a fynno a glyw nas mynno

say what you like but you won't like what you hear

    gwae'r un sy'n dweud llawer ond yn gwrando dim

beware of those who have a lot to say but don't listen

    yr un sy'n gwybod leiaf sy'n dweud fwyaf

he who knows least says the most

    haws dweud na gwneud

easier said than done

    hawdd yw d'wedyd 'Dacw'r Wyddfa' - Nid eir drosti ond yn ara'

easier said than done

    treulir llawer pâr o esgidiau rhwng dweud a gwneud

many a pair of shoes has been worn out between saying and doing

dwfn: dyfnaf llyn, llyn llonydd — *still waters run deep*

po ddyfnaf y môr, diogelaf fydd i'r llong — *the deeper the sea, the safer the ship*

dwl: dwlaf dwl, dwl hen — *there's no fool like an old fool*

doeth dwl tra tawo — *even a fool is wise until he opens his mouth*

dŵr bas sy'n gwneud sŵn — *empty vessels make the most noise*

ofer cyrchu dŵr dros afon — *a waste of time and effort carrying water over a river*

i'r pant y rhed y dŵr — *success attracts success*

pysgodyn allan o ddŵr — *a fish out of water*

serch a wna ffordd drwy ddŵr a thân — *love will find a way through thick and thin*

dwyn i glawr — *bring to light*

a ddwg wy a ddwg fwy — *once a thief always a thief*

ni ellir dwyn dyn oddi ar ei dylwyth — *blood is thicker than water*

dychwelyd: dail crin ddychwel i'w gwreiddiau — *leaves fall near their roots*

dyfal donc sy'n torri'r garreg — *perseverance pays*

dyfnder: dim ond ffŵl sy'n defnyddio'i ddwy droed i brofi dyfnder afon — *only a fool uses both feet to test the water's depth*

dyfrio: fedri di ddim dyfrio blodau heb ddyfrio chwyn — *you can't always pick and choose*

dymchwel: mae morgrugyn yn medru dymchwel clawdd — *an ant can raze a hedge*

dyn, derwen a diwrnod sydd anodd eu hadnabod — *man, an oak and a day – what to make of them*

dyn call: dyn distaw — *a wise man doesn't say much*

dyn mawr bach a dyn bach mawr — *an important little man; a small important man*

bydd dau ddyn yn cyfarfod yn gynt na dau fynydd — *two men can meet, not so two mountains* fel y bydd dyn y bydd ei lwdn — *like father like son*

gellir adnabod dyn wrth ei gyfeillion — *you can tell a man by his friends*

mae dynion bach yn meddwl eu bod yn fach, nid yw dynion mawr yn gwybod eu bod yn fawr — *insignificant people think they are insignificant, great people don't know they are great*

plentyn i'r dyn sy'n dad — *the child is father to the man*

os dillad yw'r dyn, y dyn yw'r truan — *if clothes maketh the man - poor man*

dyn diog: llwyth dyn diog — *lazy man's load*

dysg: heb ddysg, heb ddawn — *there can be no attainment without learning*

adfyd a ddaw â dysg yn ei law — *sweet are the uses of adversity*

does dim ffiniau i ddysg — *learning knows no boundaries*

gorau arf, arf dysg — *learning is the best weapon of all*

trallod a ddaw â dysg yn ei law — *sweet are the uses of adversity*

trech awen na dysg — *inspiration trumps learning*

dysgu: does dim ffiniau i ddysg — *learning knows no boundaries*

gallwch wybod deg peth wrth ddysgu un — *you get to know ten things by learning one*

mae dyn yn dysgu o'i febyd i'w fedd — *learning is from the cradle to the grave*

mae'r sawl sy'n dysgu yn addysgu — *he who teaches also learns*

gwae'r un sy'n dysgu llawer ond yn gwybod dim — *Woe betide the person who has learned a lot but knows nothing*

E

ebol gwyllt sy'n gwneud march gwych

it's a wild pony that makes the best charger

Ebrill oer - sgubor lawn

cold April, full barns

Mawrth a ladd, Ebrill a fling, a rhyngon nhw'u dau adawan nhw ddim

March kills, April flays and between them leave nothing

edau ry dynn sy'n torri

the thread that's stretched too far is the one that snaps

nid ag edau wlân mae rhwymo tarw gwyllt

you don't use wool to rope a bull

edefyn gan bawb rydd grys i dlawd

a thread from each will clothe the poor

cadarnach yw'r edau yn gyfrodedd

united we stand

edrych yn llygad y geiniog

parsimonious

nid edrychir ar ddannedd march rhodd *ei ddannedd sy'n dynodi oedran ceffyl*

don't look a gift horse in the mouth

teg edrych tuag adref

it's nice to go home

efail: cyntaf i'r efail gaiff bedoli

first come, first served

eglwys: a fo nesaf i'r eglwys, pellach oddi wrth baradwys

nearer the church, further from heaven

eiddigedd: nid yw eiddigedd yn heneiddio

jealousy knows no age

eira mân, eira mawr

small flakes, big snow

blwyddyn o eira, blwyddyn o lawndra

year with snow, year of plenty

eira cyn Glangaea', erthyla'r gaea'

snow before Halloween aborts the winter

lle heno eira llynedd

where now the snows of yesteryear

ni saif eira Mawrth fwy na menyn ar dorth dwym

March snow lasts as long as butter on a freshly baked loaf

eithin: hawdd cynnau eithin crin, anodd ei ddiffodd

withered gorse lights easily but is not easily extinguished

eithriad: mae eithriad i bob rheol

there's an exception to every rule

eli: mae eli i bob dolur

every ache has its balm

   rhag pob clwyf: eli amser

time the great healer

elw: ym mhob llafur mae elw

work has its reward

   dim poen, dim elw

no pain no gain

encilion: un doeth sy'n caru'r encilion

it's a wise man who remains in the background

ennill: os na wnei di fentro peth ni wnei di ennill dim

if you don't speculate you won't accumulate

enw: cymryd enw rhywun yn ofer

bandy someone's name about

eos: nid yr un iaith sydd gan eos a brân

the nightingale doesn't share the same voice as the crow

ergyd carreg: o fewn ergyd carreg

within a stone's throw

erlid: yr euog sy'n ffoi heb neb yn ei erlid

the guilty are afraid of their own shadows

erthylu: eira cyn Glangaea', erthyla'r gaea'. *Hydref 31ain*

snow before Halloween aborts the winter

eryr: mae'r eryr mwyaf yn gorfod gorffwys

even the eagle has to rest

esgidiau: yr oeddwn yn flin bod heb esgidiau, ond cwrddais â dyn heb draed

I was angry that I had no shoes until I met a man who had no feet

esgyn: trallodion yw ffyn yr ysgol sy'n esgyn i'r nef

adversity forms the rungs of the ladder that reaches up to heaven

euog: yr euog sy'n ffoi heb neb yn ei erlid

the guilty are afraid of their own shadows

ewyllys: ceffyl da yw ewyllys

where there's a will there's a way

ewyn dŵr, addewid gwas

a young man's promise, just so much froth

Ff

ffidil: rhoi'r ffidil yn y to *teclyn a ddefnyddiwyd gynt i wasgaru hadau â llaw* — *put your tools on the bar*

ffin: does dim ffiniau i ddysg — *learning knows no boundaries*

ffindio: y ffordd i ffindio ffordd yw gwybod ble ti'n mynd — *you find the way by knowing where you want to go*

ffitio: gwisga'r cap os yw'r cap yn ffitio — *if the cap fits, wear it*

ffoi: yr euog sy'n ffoi heb neb yn ei erlid — *the guilty are afraid of their own shadows*

ffôl sy'n crwydro, mae'r doeth yn teithio — *a fool wanders, a wise man goes on a journey*

ffon y bywyd yw bara — *bread is the staff of life*

gair i gall a ffon i angall — *a word to the wise a whack for the foolish*

ffordd: y ffordd i ffindio ffordd yw gwybod ble ti'n mynd — *you find the way by knowing where you want to go*

does dim rhigol ar ffordd newydd — *no potholes in a new road*

ffraeo: rhaid cael dau i ffraeo — *it takes two to tango*

ffrind: y ffrind gorau sy'n troi yn elyn pennaf — *your worst enemy was once your best friend*

ffrwythau: wrth ei ffrwythau y mae adnabod dyn — *by his actions will ye know a man*

ffŵl: dim ond ffŵl sy'n defnyddio'i ddwy droed i brofi dyfnder afon — *only a fool uses both feet to test the water's depth*

call pob ffôl yn ei olwg ei hun — *every fool's a genius in his own estimation*

does dim angen cloch am wddf ffŵl — *a fool needs no bell round his neck*

gwell bod dipyn o gnaf na gormod o ffŵl — *better to be a bit of a rogue than too much of a fool*

mae ffŵl yn adrodd beth mae'n ei wybod, mae'r doeth yn gwybod beth mae'n ei adrodd — *a fool says what he knows, a wise man knows what he says*

ffynnu: lle clyd i fethu; lle oer i ffynnu — *a cosy place for failure, a chilly place for success*

G

gadael: nid oes am y peth a aeth heibio ond tewi sôn a gadael iddo

best left alone

gair:geiriau gair i gall a ffon i angall

a word to the wise a whack for the foolish

ni waeth un gair na chant

that's an end to it

nid yw gair ond gwynt

a word is just so much wind

gair sy'n brathu yn waeth na briw, mae briw yn gwella

a hurtful word is worse than a wound, a wound heals

dylid pwyso geiriau nid eu cyfrif

words should be weighed not counted

gorau prinder, prinder geiriau

the best deficiency, a lack of words

gwell un gair gwir na chan gair teg

better a single word of truth than a hundred blandishments

awgrym i gall, gair i angall

a nod to the wise a word with the foolish

mae un llun yn werth mil o eiriau

a single picture is worth a thousand words

galar: mae galar yn gallu cysgu, nid felly gofal

grief can slumber, care can't

byr bwyll, hir alar

act in haste, repent at leisure

gallu: os gelli - gwna!

go for it, if you can

gardd: cadw dy ardd, ceidw dy ardd dithau

look after your garden and your garden will look after you

mae gwybodaeth fel gardd - heb ei meithrin heb ei medi

knowledge is a garden, left uncared for it produces nothing

garddwrn: nes penelin na garddwrn

blood is thicker than water

garw: sicra'r mur po arwa'r garreg

the rougher the stone the stronger the wall

gelyn: y ffrind gorau sy'n troi yn elyn pennaf

your worst enemy was once your best friend

lle nad oes gelyn y tu mewn ni all gelynion allanol eich niweidio

your greatest enemy lies within you

paid â chellwair gyda'th elyn

don't trifle with the enemy

eich cyfaill gorau a'ch gelyn pennaf - oddi mewn y mae
your staunchest ally and deadliest foe are found within you

gem: mwy gwerthfawr gem â nam na charreg berffaith
a faulty jewel is more precious than a perfect pebble

genau: o'r llaw i'r genau
from hand to mouth

yng ngenau'r sach mae cynilo'r blawd
you start saving in the mouth of the sack

giât: gwenu fel giât
smile from ear to ear

glan: gofalwch rhag boddi yn ymyl y lan
fall at the last hurdle

glân: gofala fod carreg dy ddrws dy hun yn lân *gw.* carreg
keep your own house in order

glaw: cyflog y gwynt yw glaw
first the wind then the rain

bwrw cyllyll a ffyrc
raining cats and dogs

bwrw hen wragedd â ffyn
raining stair rods

yn yr hen amser (cyn dyfodiad peiriannau) un ffordd o bannu gwlân ('full') oedd ei fwrw gyda ffyn

cylch yn agos i'r lleuad - storom ymhell; cylch ymhell a glaw yn agos
corona near - storm far; corona far - rain near

glynu: cyfaill a lŷn wrthyt yn well na brawd
a friend that sticketh closer than a brother

gobaith: gormod gobaith sy'n twyllo
deceived by being over optimistic

gwell teithio mewn gobaith na chyrraedd mewn anobaith
better to travel in hope than to arrive hopeless

henaint yw gresynu yn lle gobeithio
old age is regretting instead of hoping

dim gobaith caneri *gw.* caneri
not a hope in hell

gochel afrad, gochel angen
waste not, want not

godro: brefu ychydig ond godro'n dda
quiet but effective

goddef: o chwennych rhosyn, goddefa'r drain
if you desire roses you must cope with the thorns

gofal: mae galar yn gallu cysgu, nid felly gofal
grief can slumber, care can't

gofalu: gofala fod carreg dy ddrws dy hun yn lân *gw.* carreg
keep your own house in order

gofala nad wyt ti'n gwneud yr hyn rwyt ti'n ei gondemnio mewn eraill — *don't do to others that which you wouldn't want them to do to you*

gofalwch nad yw chwarae'n troi'n chwerw — *all end in tears*

gofalwch nad yw'r hwch yn mynd drwy'r siop — *failed business*

gofalwch rhag boddi yn ymyl y lan — *fall at the last hurdle*

gofalwch rhag syrthio i'r tân wrth osgoi'r mwg — *beware of falling into the fire while escaping the smoke*

gofid: gofidio yw mam gofidiau — *worrying is the mother of all worries*

does dim diben mynd o flaen gofid — *don't go out to meet trouble*

gofid mwyaf mam a thad yw'r hyn sy'n dwyn i'w plant fwynhad — *parents' greatest concern is the things their children enjoy*

nid gwaith sy'n lladd ond gofid — *it's not work that kills, it's stress*

gofyn: peidiwch â chynnig halen na chyngor nes bod rhywun yn gofyn amdano — *don't offer salt or an opinion until someone asks for it*

gwell gofyn dengwaith na methu unwaith — *better to ask ten times than to fail once*

gogor: cof fel gogor — *a memory like a sieve*

golchi traed yr alarch (yn wyn) *du yw traed alarch* — *a waste of time and effort*

goleudy: duach cysgod wrth fôn goleudy — *the darkest shadow lies at the foot of a lighthouse*

golud: gwell iechyd na golud — *better good health than any riches*

gwell mam anghenog na thad goludog — *better a needy mother than a wealthy father*

golwg: allan o olwg, allan o feddwl — *out of sight out of mind*

call pob ffôl yn ei olwg ei hun — *every fool's a genius in his own estimation*

gollwng y gath o'r cwd — *let the cat out of the bag*

gonest pob lleidr nes ei ddal — *every thief is as honest as the day is long until caught*

gorau: mae'r gorau'n llithro weithiau — *Homer nods*

gorchfygu: cariad sy'n gorchfygu popeth — *love conquers all*

gorfwydo: a orfwyda'r gath, a fwyda'r llygod — *the fatter the cat, the fatter the mice*

gorffen: a ddechreuo lawer a orffen ychydig — *too many irons in the fire*

gorffwys: mae'r eryr mwyaf yn gorfod gorffwys — *even the eagle has to rest*

gormes o eliffantod

gormod o heyrn yn y tân *gwaith gof* — *too many irons in the fire*

  digon yw digon a gormod sydd flin — *enough is enough and no more*

  gwell digon na gormod — *an elegant sufficiency – any more would be a superfluity*

  gormod o bwdin a dagith gi — *choking on too much cream*

gostwng: tywysen lawn sy'n gostwng ei phen: tywysen wag sy'n sefyll yn syth *sylw o fyd amaeth* — *a full ear of corn bows its head, it's the empty one that stands proud*

greddf gŵr, oed gwas *llinell o'r 6ed ganrif gan y bardd Aneirin* — *a man in deeds, a youth in years*

gresynu: henaint yw gresynu yn lle gobeithio — *old age is regretting instead of hoping*

gwachul: y gwych a'r gwachul — *from the sublime to the gor blimey*

gwadn: llunio'r gwadn/wadn fel y bo'r troed *gwaith crydd* — *cut the coat according to the cloth*

gwadd: pridd y wadd sy'n achosi dyn i faglu, nid mynyddoedd — *you trip and fall over molehills not mountains*

gwae'r un nad yw'n credu neb na neb yn ei gredu ef — *woe betide someone who believes no one and whom no one believes*

  gwae'r un sy'n dirmygu arall am y beiau sydd arno fo ei hun — *woe be to those who criticise in others the faults they have themselves*

  gwae'r un sy'n dweud llawer ond yn gwrando dim — *beware of those who have a lot to say but don't listen*

  gwae'r un sy'n dysgu llawer ond yn gwybod dim — *woe betide the person who has learned a lot but knows nothing* gwae i feddwyn adrodd ei feddwl — *a drunkard should take care before speaking his mind*

gwae un sy'n credu pob chwedl a glyw — *woe betide the one who believes everything they hear*

gwaed: hawdd tynnu gwaed o ben hen grachen — *it's easy to draw blood from an old wound*

gwaedd: mae un waedd mewn pryd yn well na siarad parhaus — *a timely cry is worth a thousand words*

gwaith: deuparth gwaith yw ei ddechrau — *the hardest part of a job is getting started*

arfer yw hanner y gwaith — *practice makes perfect*

codi'n fore, hanner gore'r gwaith — *an early start is the best start*

gorau gwaith: wythnos gwas newydd — *a new broom sweeps clean*

meistr pob gwaith: ymarfer — *practice makes perfect*

nid gwaith sy'n lladd ond gofid — *it's not work that kills, it's stress*

gwall: fe geir gwall gan y callaf — *Homer nods*

gwan: a fo wan bid gyfrwys — *be smart if you're not strong*

y gwan ei galon sy'n ei cholli — *it's the faint-hearted that lose heart*

dim ond gweiddi gall gwan — *the weak can only cry for help*

gwanwyn: un wennol ni wna wanwyn — *one swallow doesn't make a summer*

gwâr: gwell annysg gwâr na dysg anwar — *better an enlightened innocent than an educated savage*

gwario: paid â gwario dy geiniog cyn ei chael — *don't spend your money before you make it*

gwyliwch rhag gwario swllt i ennill ceiniog — *beware of spending a shilling to gain a penny*

gwas: ewyn dŵr addewid gwas — *a young man's promise, just so much froth*

mae arian yn was da ond yn feistr drwg — *money is a good servant but a poor master*

gwastad mewn brys, gwastad ar ôl — *always rushed, always late*

gwastraffu: a gasglodd y tad trwy gybydd-dra, mab afradus a'i gwastraffa — *easy come easy go*

gwawr: yr awr dywyllaf yw'r nesaf i'r wawr — *the darkest hour is before the dawn*

gwddf: yng ngyddfau'i gilydd — *at each other's throats*

    paid â gadael i'th dafod dorri dy wddf — *don't let your tongue cut your throat*

gweddw crefft heb ei dawn — *there can be no craft where there is no skill*

    gweddw pwyll heb amynedd — *there is no prudence without patience*

gweiddi: dim ond gweiddi gall gwan — *the weak can only cry for help*

gweinidog: nid ei goler sy'n gwneud gweinidog — *it's not his collar that makes a minister*

gweithiwr: erbyn nos mae adnabod gweithiwr — *the end of a shift is the time to find a good worker*

gweithredoedd: geiriau'n diflannu ond mae gweithredoedd yn sefyll — *words evaporate, deeds remain*

    wrth ei weithredoedd y bernir dyn nid wrth ei eiriau — *a man is judged by his deeds not his words*

    tafod sy'n traethu, gweithredoedd sy'n dangos — *fine deeds are more eloquent than fine words*

gweld: dallaf o bawb na fynn weld — *there's none so blind as they who will not see*

    gwyn y gwêl y frân ei chyw — *a mother's child can do no wrong*

    ni wêl yr ynfyd ei fai — *a fool finds no fault*

gwely: cas wely, cas godi — *late to bed, late to rise*

    mae llawer sgìl i gael Wil i'w wely — *more ways of killing a cat than drowning it in cream*

gwell: nid da lle gellir gwell — *good is no good when there's better*

    nid gwell gormod na rhy fychan — *too much is not much better than too little*

    gwell rhyw bryd na byth — *better late than never*

    gwell tŷ gwag na thenant gwael — *better the house empty than with a poor tenant*

    gwell wy heddiw na iâr yfory — *better an egg today than a hen tomorrow*

    gwell yn y crochan nag yn y tân — *better in the frying pan than in the fire*

gwên: yna gwelir nad yw gwên yn dweud y gwir

then you see that smiles don't always tell the truth

gwên deg â gwenwyn 'dani

poisonous smile

trech gwên na thrais

a smile can disarm a person

gwell cerydd cyfaill na gwên gelyn

a friend's scowl is more valuable than an enemy's smile

gwenu fel giât

smile from ear to ear

peidiwch ag agor siop os nad ydych chi'n gallu gwenu

don't bother opening a shop if it's service without a smile

gweniaith: hawdd i weniaith dwyllo unwaith

flattery can succeed the first time

gwenith: os na ddaw'r gwenith mi ddaw'r chwyn

if the wheat won't grow, the weeds will

os heui ysgall, ni chei wenith

if you sow thistles, you'll get no wheat

gwennol: un wennol ni wna wanwyn

one swallow doesn't make a summer

mae'r gwenoliaid yn hedeg yn uchel *tywydd braf*

swallows high – fine weather

mae'r gwenoliaid yn hedeg yn isel *tywydd drwg*

swallows low – poor weather

gwenwyn: gwên deg â gwenwyn 'dani

poisonous smile

gwers: bai un: gwers arall

one man's mistake is another man's lesson

gwers gyntaf doethineb: adnabod dy hunan

wisdom's first lesson: know thyself

gwerthfawr: mwy gwerthfawr gem â nam na charreg berffaith

a faulty jewel is more precious than a perfect pebble

gwerthu: gwell difaru gwerthu na difaru prynu

better to regret selling than buying

gwerth dy wybodaeth i brynu synnwyr

sell your knowledge to buy some sense

gweryru fel gafr y gors

bleat like a goat

gwialen: gwell y wialen sy'n plygu na'r un sy'n torri

prefer a rod that bends to one that breaks

gwichian: tra bo'r fen yn gwichian mae'n gwneud ei gwaith

while the wheel still creaks it's doing its job

gwin: yn y gwin y ceir y gwir

in vino veritas

y gwydriad cyntaf, y dyn yf win;
yr ail wydriad y gwin yf win, y
trydydd gwydriad y gwin yf ddyn

*the first glass man consumes wine;
second glass wine consumes wine;
third glass wine consumes man*

gwir: yn y gwin y ceir y gwir

in vino veritas

fe fynn y gwir ei le

truth will out

gan y gwirion y ceir y gwir

from the simple, the simple truth

dweud y gwir sy'n digio llawer

truth hurts

gwell un gair gwir na chan gair teg

*better a single word of truth than a
hundred blandishments*

mae un celwydd yn difetha mil o
wirioneddau

a single lie destroys a hundred truths

mwya' celwydd, hanner y gwir

the biggest lie is half the truth

llawer gwir; gorau ei guddio

many a truth is best kept hidden

hen genedl- cof hir, hen gof- y
gwir

*an old people- a long memory, an old
memory- the truth*

os credi di un gair ym mhob deg a
glywi fe gei di rywfaint o'r gwir

*if you believe a tenth of what you
hear you'll get an inkling of the truth*

plant gwirionedd yw hen
ddiarhebion

old proverbs are the siblings of truth

gwirion: gan y gwirion y ceir y gwir

from the simple, the simple truth

gwirioni: nid yw pawb yn
gwirioni'r un fath

we all have our little ways

gwisg: tor dy wisg yn ôl y brethyn
gwaith teiliwr

cut the coat according to the cloth

gwisgo: gwisga'r cap os yw'r cap yn
ffitio

if the cap fits, wear it

gwlad: trech gwlad nag arglwydd

vox populi, vox Dei

cas gŵr nad yw'n caru ei wlad ei
hun

*woe betide the man who loves not his
homeland*

ni bydd neb broffwyd yn ei wlad
ei hun

*no one becomes a prophet in his own
land*

gwlân: nid ag edau wlân mae
rhwymo tarw gwyllt

you don't use wool to rope a bull

gwledd: buan i'r wledd, buan i'r bedd

eat one's way to an early grave

gwlychu: da gan y gath bysgod, ond nid da ganddi wlychu ei thraed

a cat loves fish but hates wetting her feet

gwneud: gwna'n fawr, ond sôn yn fach amdano

do great deeds - quietly

da yw dweud ond gwell yw gwneud

actions speak louder than words

os gelli - gwna!

go for it, if you can

bydd ddistaw a gwna lawer

shut up and get on with it

gwneir mil o fatshys o un goeden, mae un fatshen yn gallu llosgi mil o goed

a single tree can make a thousand matches, a single match can destroy a thousand trees

nid y gwybod sy'n anodd ond y gwneud

knowing how is not as difficult as actually doing it

os na wnei di pan elli di, wnei di ddim pan hoffet ti

if you don't act when you can, you won't be able when you want to

gofala nad wyt ti'n gwneud yr hyn rwyt ti'n ei gondemnio mewn eraill

don't do to others that which you wouldn't want them to do to you

haws dweud na gwneud

easier said than done

treulir llawer pâr o esgidiau rhwng dweud a gwneud

many a pair of shoes have been worn out between saying and doing

gŵr heb bwyll, llong heb angor

a rash man is a ship without an anchor

gŵr dieithr yw yfory

tomorrow is another day

hogyn drwg a wnaiff ŵr da

a bit of a lad makes a good husband

gwrach: breuddwyd gwrach wrth ei hewyllys

wishful thinking

gwraig: nerth gwraig: ei thafod

a woman's strength lies in her tongue

gwrando fel hwch mewn haidd

pay as much attention as a pig in clover

ni ellir barnu heb wrando

you cannot judge without first listening

ychydig o eiriau sydd eu hangen ar wrandäwr da

a good listener doesn't need many words

diniwed pawb os gwrandewi arnynt

according to them they never did anyone any harm

doeth a wrendy, ffôl a lefair	*a wise man listens, a fool prattles*
gwae'r un sy'n dweud llawer ond yn gwrando dim	*beware of those who have a lot to say but don't listen*
siarad llai, gwrando mwy	*say less, listen more*
gwreiddiau: dail crin ddychwel i'w gwreiddiau	*leaves fall near their roots*
nid oes gan un pren wreiddiau dyfnach na rhagfarn	*no tree has deeper roots than prejudice*
gwrthod: na wrthodwch o falchder na derbyn o wendid	*neither reject from pride nor accept from weakness*
gwrthwynebydd: rhaid wrth wrthwynebydd i gynnal cynnen	*it takes two to tango*
gwybedyn: o drwch asgell gwybedyn	*by the skin of my teeth*
gwybedyn y dom sy'n codi uchaf	*a fly from the muck-heap flies the highest*
gwybod: i wybod y ffordd ymlaen holwch y rhai sy'n dod 'nôl	*to know the way forward, ask those who are returning*
nid y crydd sy'n gwybod orau lle mae'r esgid yn gwasgu	*the cobbler isn't the best one to know where the shoe pinches*
doeth ni ddywed a ŵyr	*a wise man keeps his own counsel*
gallwch wybod deg peth wrth ddysgu un	*you get to know ten things by learning one*
gwae'r un sy'n dysgu llawer ond yn gwybod dim	*woe betide the person who has learned a lot but knows nothing*
hir ei dafod, byr ei wybod	*long of tongue, short on learning*
mae dyn sydd yn gwybod nad yw'n gwybod dim byd yn gwybod mwy na'i athrawon i gyd	*the man who knows he knows nothing knows more than any of his teachers*
mae ffŵl yn adrodd beth mae'n ei wybod, mae'r doeth yn gwybod beth mae'n adrodd	*a fool says what he knows, a wise man knows what he says*
nid oes neb yn gwybod llai na'r un sy'n gwybod y cwbl	*no one knows less than the one who knows it all*
yr hen sy'n gwybod, tybio mae'r ifainc	*the old know, the young assume*
yr un sy'n gwybod leiaf sy'n dweud fwyaf	*he who knows least says most*

nid yw un dyn yn gwybod dolur y llall

nobody knows the trouble I've seen

gwybodaeth: gwerth dy wybodaeth i brynu synnwyr

sell your knowledge to buy some sense

mae gwybodaeth fel gardd - heb ei meithrin heb ei medi

knowledge is a garden, left uncared for it produces nothing

gwych: y gwych a'r gwachul

from the sublime to the gor blimey

rhaid i'r gwychaf gachu

even the finest have to shit

gwydriad: y gwydriad cyntaf, y dyn yf win; yr ail wydriad y gwin yf win, y trydydd gwydriad y gwin yf ddyn

the first glass man consumes wine; second glass wine consumes wine; third glass wine consumes man

gwyddau: mae'r gwyddau yn y ceirch

the fat's in the fire

gwylio: gwyliwch gyngor y gath i'r llygoden

beware of the cat's advice to the mice

gwyliwch rhag gwario swllt i ennill ceiniog

beware of spending a shilling to gain a penny

i'r sawl sy'n gwylio mae pethau'n datgelu eu hunain

things reveal themselves to the observant

gwyn pob newydd, llwyd pob hen

novelty glitters, age gives a patina

gwyn y gwêl y frân ei chyw

a mother's child can do no wrong

byd gwyn fydd byd a gano

blessed is a world that sings

gwynt i oen a haul i fochyn

wind suits a lamb, sun suits a pig

nid yw gair ond gwynt

a word is just so much wind

gwynt o'r de, glaw cyn te

the South wind brings rain

a heuo'r gwynt a fed y corwynt

sow the wind and reap the whirlwind

llais deilen yn y gwynt sy'n tarfu ar gydwybod euog

a guilty person flees from his own shadow

pisio yn erbyn y gwynt

piss against the wind

gyddfau *gw.* gwddf

gyrru: ni raid gyrru buwch i bori, mae agor iet yn ddigon

you don't drive a cow to graze, you just open the gate

angen a yrr hen i redeg

necessity is the mother of invention

H

haearn a hoga haearn	*it takes iron to whet iron*
hael yw Hywel ar bwrs y wlad	*Hywel is most generous with other people's money*
hanner: gwell hanner na dim	*half is better than none*
cam dros y trothwy, hanner y daith	*half the job is getting started*
hanner Mawrth a hanner Medi, dydd a nos 'run hyd â'i gily'	*halfway through March and September, day and night are equal*
mae hanner torth yn well na dim	*half a loaf is better than none*
heddiw: gwell wy heddiw na iâr yfory	*better an egg today than a hen tomorrow*
heddwch: gwell yr heddwch gwaethaf na'r rhyfel gorau	*better a poor peace than a good war*
hapusrwydd awr - cyntun	*happiness for an hour - nap*
hapusrwydd diwrnod - pysgota	*happiness for a day - fishing*
hapusrwydd mis - priodas	*happiness for a month - marriage*
hapusrwydd blwyddyn - cyfoeth	*happiness for a year - wealth*
hapusrwydd oes - helpwch rywun arall	*happiness for life - help someone else*
hau: a heuo ddrain, na fid droednoeth	*sowers of thistles should not walk bare-foot*
a heuo'r gwynt a fed y corwynt	*sow the wind and reap the whirlwind*
os heui ysgall, ni chei wenith	*if you sow thistles, you'll get no wheat*
pa beth bynnag mae dyn yn ei hau hynny hefyd y bydd yn ei fedi	*as ye sow so shall ye reap*
hau gwenith yn y baw a haidd yn y llwch *sylw o fyd amaeth*	*sow wheat in mud and barley in dust*
haul: fe ddaw eto haul ar fryn	*things will get better*
haul y gwanwyn, gwaeth na gwenwyn	*sun in the spring, pure poison*
gwynt i oen a haul i fochyn	*wind suits a lamb, sun suits a pig*

pyst dan yr haul - diwrnod braf

columns seen under the sun a fine day to come

hawdd cynnau tân ar hen aelwyd

it's easy to rekindle a fire on an old hearth

hawdd bod yn ddoeth drannoeth y digwydd

easy to be wise after the event

hawdd cymodi lle bo cariad

reconciliation is easy where there is love

hawdd cynnau eithin crin, anodd ei ddiffodd

dried out gorse lights easily but is not easily extinguished

hawdd i weniaith dwyllo unwaith

flattery can succeed the first time

hawdd tynnu gwaed o ben hen grachen

easy to draw blood from an old wound

hawdd yw d'wedyd 'Dacw'r Wyddfa' - Nid eir drosti ond yn ara'

easier said than done

hawddfyd sy'n codi cynnen

prosperity causes friction

hawl: distawrwydd rydd hawl

occur by default

haws barnu na saethu

easier to criticise than to shoot

haws cau llygaid na chau ceg

it's easier to shut your eyes than your mouth

haws cywiro gair na gweithred

it's easier to correct a word than a deed

haws dweud na gwneud

easier said than done

haws yw dechrau cynnen na'i diweddu

it's easier to start a quarrel than to settle one

hedfan: gall newyddion drwg hedfan heb adenydd

bad news travels fast

mae lludw yn hedfan i wyneb ei daflwr

ashes fly in the face of the thrower

heddiw'n angel ; yfory'n gythrel

today an angel, tomorrow a devil

gwell wy heddiw na iâr yfory

better an egg today than a hen tomorrow

mae yfory yn perthyn i'r bobl sy'n paratoi ar ei gyfer heddiw

tomorrow belongs to those who prepare today

heddwch: gwell yr heddwch gwaethaf na'r rhyfel gorau

better a poor peace than a good war

   arf sy'n cadw heddwch

an iron fist in a velvet glove

heli: ofer cludo heli i'r môr

a waste of time and effort carting salt to the sea

hen ben

an old hand

   angen a yrr hen i redeg

necessity is the mother of invention

   dwlaf dwl, dwl hen

there's no fool like an old fool

   gwyn pob newydd, llwyd pob hen.

novelty glitters, age gives a patina

   hen fel pechod

old as sin

   hen genedl- cof hir, hen gof- y gwir

an old people- a long memory, an old memory- the truth

   yr hen sy'n gwybod, tybio mae'r ifainc

the old know, the young assume

henaint ni ddaw ei hunan

old age does not arrive alone

   henaint yw gresynu yn lle gobeithio

old age is regretting instead of hoping

heneiddio: nid yw eiddigedd yn heneiddio

jealousy knows no age

heyrn: gormod o heyrn yn y tân *o waith gof*

too many irons in the fire

hir bydd aros mud ym mhorth y byddar

the dumb will have a long wait at the door of the deaf

   hir ei dafod, byr ei wybod

long of tongue, short on learning

   hir pob aros

a delay is always long

hoelen yn arch

a nail in the coffin

hoff gan bob aderyn ei lais

he likes the sound of his own voice

hoffi: os nad yw pethau fel yr hoffi, hoffa nhw fel y maent

if things aren't as you like them, like them as they are

   nid prydferth prydferthwch ond yr hyn a hoffwch

beauty is no more than that which you love

hogi: os na chwysi wrth hogi, fe chwysi wrth dorri *sylw o oes y cryman a'r bladur*

if you don't sweat when you whet the blade you'll sweat when you cut with it

haearn a hoga haearn	*it takes iron to whet iron*
hogyn drwg a wnaiff ŵr da	*a bit of a lad makes a good husband*
holi: twpsyn pum munud yw'r sawl sy'n holi, twpsyn am byth yw'r sawl nad yw'n holi	*someone who asks is a fool for five minutes, someone who doesn't ask could be a fool for life*
huddygl i botes	*a fly in the ointment*
hwch: fel bo'r hwch y bo'r perchyll	*like mother like daughter*
gofalwch nad yw'r hwch yn mynd drwy'r siop	*failed business*
gwrando fel hwch mewn haidd	*pay as much attention as a pig in clover*
hwyaden: ofer golchi traed hwyaden	*a waste of time and effort washing a duck's feet*
hwyr: gwell hwyr na hwyrach	*better late than never*
cennad hwyr, drwg ei neges	*late messenger, bad news*
hyder: hanner llwyddiant - hyder	*success is built on confidence*
hyder sy'n gwneud dringwr	*confidence is the making of a climber*
na fyddwch nac yn orhyderus nac yn orofnus	*don't be over-confident or too afraid*

I

iaith: cenedl heb iaith, cenedl heb galon
a nation with no language, a nation with no heart

    nid yr un iaith sydd gan eos a brân
the nightingale doesn't share the same voice as the crow

iâr: fel y crafa'r iâr y piga'r cyw
like mother like daughter

iechyd: gorau cyfoeth: iechyd
the greatest treasure, good health

    a fynno iechyd, bydd lawen
happiness is health

    gwell iechyd na golud
better good health than any riches

iet: yr un seis yw iet parc bach â iet parc mawr
the gate to a small field is the same size as the gate to a large field

ifainc:ifanc yr hen sy'n gwybod, tybio mae'r ifainc
the old know, the young assume

    unioni coeden pan fydd yn ifanc
straighten a tree when it's a sapling

ing: câr cywir - yn yr ing a welir
a true friend is to be found in adversity

iro blonegen *greasing a fatball*
a waste of time and effort

J

jyngl: paid â galw coedwig sy'n dy gysgodi yn jyngl

don't mistake the trees that protect you for a jungle

Ll

lladd dau dderyn ag un ergyd	*kill two birds with one stone*
nid gwaith sy'n lladd ond gofid	*it's not work that kills it's stress*
tair modfedd yw hyd tafod ond mae'n gallu lladd cawr	*a tongue is only three inches long yet it can bring down giants*
llafar gwlad, llafar gwir; llafar un, llafar gau	*the voice of the people - true; a single voice - false*
llafur cariad	*labour of love*
ym mhob llafur mae elw	*work has its reward*
llais deilen yn y gwynt sy'n tarfu ar gydwybod euog	*a guilty person flees from his own shadow*
hoff gan bob aderyn ei lais	*he likes the sound of his own voice*
llais fel brân	
llan: gellir mynd â'r dyn o'r Llan ond ni ellir mynd â'r Llan o'r dyn	*you can take the boy out of the valleys but you can't take the valleys out of the boy*
llanw: mae pob cwch yn cael ei godi gan y llanw	*a rising tide lifts all the boats*
po fwyaf y llanw po fwyaf y trai	*the greater the flow of the tide, the greater its ebb*
mae trai i bob llanw	*every tide has its ebb and flow*
llathen o gownter yn well nag acer o dir	*a yard of counter is more productive than an acre of land*
llathen o'r un brethyn	*a chip off the old block*
mae pawb yn mesur yn ôl ei lathen ei hun	*everyone uses their own yardstick to measure*
rho lathen i Sais ac fe gymer filltir	*give an Englishman an inch and he'll take a mile*
llaw: os oes angen llaw gynhaliol ceir un ar ben dy fraich	*if you need a helping hand, there's one at the end of your arm*
o'r llaw i'r genau	*from hand to mouth*
llawen: a fynno iechyd, bydd lawen	*happiness is health*

llawer: pan fo llawer yn llywio, fe sudda'r llong

too many cooks spoil the broth

ychydig yn aml sy'n gwneud llawer

little but often is best

llawn: rhy lawn a gyll

full to overflowing

lleidr yw tŷ *mae'n cynhyrchu llawer o filiau*

a house is a thief

gonest pob lleidr nes ei ddal

every thief is as honest as the day is long until caught

cyfleustra sy'n gwneud lleidr

opportunity is the making of a thief

llestr: nid yw'r llestr gorau un yn gallu cynhyrchu bwyd

even the finest dish is unable to produce any food

lleuad: cylch yn agos i'r lleuad - storom ymhell; cylch ymhell a glaw yn agos

corona near - storm far; corona far - rain near

llinyn: mae dau ben i bob llinyn

there are two ends to a piece of string

mae un llinyn yn mygu ond nid yw'n llosgi

a single strand smoulders it doesn't flare up

yn dynn/yn rhwym/yn sownd wrth linyn ffedog (mam/gwraig)

tied to his mother's apron strings

llithro: paid edrych lle y cwympaist ond lle y llithraist

don't look where you fell but where you slipped

mae'r gorau'n llithro weithiau

Homer nods

llong: gŵr heb bwyll, llong heb angor

a rash man is a ship without an anchor

mae twll bach yn gallu suddo llong fawr

a small leak will sink a great ship

llongwr: mewn tymestl mae adnabod llongwr da

a storm is the place to find the best sailors

llonydd: nac ofnwch dyfu'n araf, ofnwch sefyll yn llonydd

don't be afraid of growing slowly, fear standing still

llosgi bysedd

burn one's fingers

llosgi'r gannwyll yn y ddau ben

burn the candle from both ends

llosgi unwaith; cofio canwaith

once bitten twice shy

llosgi yn fy nghroen

bursting to (do something)

mae un llinyn yn mygu ond nid yw'n llosgi

a single strand smoulders, it doesn't flare up

melys bys pan losgo

how sweet to suck the burnt finger

lludw yn hedfan i wyneb ei daflwr

ashes fly in the face of the thrower

llun: mae un llun yn werth mil o eiriau

a single picture is worth a thousand words

llunio: rhaid llunio'r wadn fel bo'r droed *sylw o waith crydd*

cut the coat according to the cloth

llwdn: fel y bydd dyn y bydd ei lwdn

like father like son

llwybr: llawn cerrig yw'r llwybr llyfnaf

the smoothest path is full of stones

llwyddiant: nid cywely llwyddiant a gorffwys

success and slacking don't make for good bedfellows

hanner llwyddiant - hyder

success is built on confidence

mae methiant yn well athro na llwyddiant

failure is a better teacher than success

llwynog: o eisiau llew yr aiff llwynog i'r orsedd

for the want of a lion they crowned the fox

llwyth dyn diog

a lazy man's load

llyfr: gorau cof, llyfr

the safest memory, a book

cwsg yw bywyd heb lyfrau

life without books is dormant

pentwr o bapur yw llyfr heb ei agor

an unopened book is just a pile of paper

llygad y geiniog: edrych yn llygad y geiniog

parsimonious

llygaid yn fwy na'r bola

eyes bigger than his belly

mae clustiau gan gloddiau a llygaid gan berthi

walls have ears and hedges have eyes

llyn: dyfnaf llyn, llyn llonydd

still waters run deep

llysywen mewn dwrn yw arian

money is as slippery as an eel

llythyr: cof sy'n llithro, llythyr sy'n cadw

where memory fails writing records

llywio: pan fo llawer yn llywio, fe sudda'r llong

too many cooks spoil the broth

M

maddau: gorau dial; dangos cam a'i faddau

the finest revenge; pointing out a wrong and overlooking it

maes: cydio maes wrth faes

acquire estates

magu: a fager ymysg cŵn, a ddysg gyfarth a chnoi

a leopard doesn't change its spots

cyw a fegir yn uffern, yn uffern y myn fod

a leopard doesn't change its spots

gwell yr hyn a fegir na'r hyn a brynir

home bred is better than bought

trwy gicio a brathu mae cariad yn magu

love grows kicking and screaming

Mai gwlyb ydlan lawn

a wet May a full rickyard

malu: y cyntaf i'r felin gaiff falu

the early bird catches the worm

melin a fâl a fyn ddŵr

for a mill to grind it must have water

mam: gwell mam anghenog na thad goludog

better a needy mother than a wealthy father

ail fam, modryb dda

a good aunt is like a second mother

man gwyn, man draw

grass on the other side is always greener

march: ebol gwyllt sy'n gwneud march gwych

a wild pony makes the best charger

nid edrychir ar ddannedd march rhodd *ei ddannedd sy'n dynodi oedran ceffyl*

don't look a gift horse in the mouth

ofer cau'r stabal wedi dwyn y march

a waste of time and effort shutting the door after the horse has bolted

marmor: mae'r sawl sy'n pechu yn ysgrifennu ar dywod, mae'r sawl a bechir yn ysgrifennu ar farmor

the intimidator writes in sand; the victim inscribes in marble

marw: a fynno glod bid farw

fame follows death

mawr: dyn mawr bach a dyn bach mawr

an important little man; a small important man

mawredd: bach hedyn pob mawredd — *great oaks from little acorns grow*

Mawrth a ladd, Ebrill a fling, a rhyngon nhw'u dau adawan nhw ddim — *March kills, April flays and between them leave nothing*

medi: pa beth bynnag mae dyn yn ei hau hynny hefyd y bydd yn ei fedi — *as ye sow so shall ye reap*

meddwi: gwae i feddwyn adrodd ei feddwl — *a drunkard should take care before speaking his mind*

meddwl ddwywaith cyn taro unwaith — *think twice before striking once*

allan o olwg, allan o feddwl — *out of sight out of mind*

byr feddwl wna hir ofal — *act in haste, repent at leisure*

mae meddwl caeedig fel llyfr caeedig, dim ond plocyn o bapur — *a closed book is just a pile of paper*

gwae i feddwyn adrodd ei feddwl — *a drunkard should take care before speaking his mind*

nid yw'r ynfyd yn gallu cuddio'i feddwl — *the foolish person cannot hide his thoughts*

meddyg: amser yw'r meddyg — *time the great healer*

does dim meddyg fel amser — *time is the best healer*

Mehefin gwych os daw, peth yn sych a pheth yn law — *the best June has some fine days and some wet*

meistr: mae arian yn was da ond yn feistr drwg — *money is a good servant but a poor master*

gorau osgoi cyfaill a ddaw'n feistr — *avoid a friend who becomes your boss*

meistr pob gwaith: ymarfer — *practice makes master*

meistrolaeth: arfer yw mam pob meistrolaeth — *practice makes perfect*

meithrin: mae gwybodaeth fel gardd - heb ei meithrin heb ei medi — *knowledge is a garden, left uncared for it produces nothing*

melin a fâl a fyn ddŵr — *for a mill to grind it must have water*

siarad fel melin bupur — *chatter on and on*

melyn: nid aur popeth melyn — *all that glisters is not gold*

melys moes mwy — *more please*

ni cheir y melys heb y chwerw	*bittersweet*
melys bys pan losgo	*how sweet to suck the burnt finger*
chwerw ar y tafod, melys yn y bola	*bitter on the tongue, sweet in the stomach*
melys bwyd sy'n cael ei wahardd	*forbidden fruit is sweetest*
melys pleser ar ôl poen	*pleasure is always sweeter after pain*
melysach afal o'i ddwyn	*scrumped apple is the sweetest*
melltithio: gwell cynnau cannwyll na melltithio'r tywyllwch	*better to light a candle than rage against the dark*
mentro: os na wnei di fentro peth ni wnei di ennill dim	*if you don't speculate you won't accumulate*
mesen: y fesen yn dderwen a ddaw	*great oaks from little acorns grow*
mesur: mae pawb yn mesur yn ôl ei lathen ei hun	*everyone uses their own yardstick to measure*
pawb sy'n mesur arall wrtho'i hun	*everyone measures others against themselves*
methu: lle clyd i fethu; lle oer i ffynnu	*a cosy place for failure, a chilly place for success*
gwell gofyn dengwaith na methu unwaith	*better to ask ten times than to fail once*
methiant un ddolen sy'n torri'r gadwyn gyfan	*a chain is only as strong as its weakest link*
mae methiant yn well athro na llwyddiant	*failure is a better teacher than success*
nid diogi, ymdrechu a methu	*striving and failing is not idleness*
mwya' poen, poen methu	*the greatest pain, failure*
miaren: bydd derwen yn cwympo'n gynt na miaren	*an oak will fall sooner than a bramble*
milltir: rho lathen i Sais ac fe gymer filltir	*give an Englishman an inch and he'll take a mile*
a deithio mewn cariad nid mwy mil filltir nag un	*on a journey of love, a thousand miles is no further than one*
miniog: nid yw dau ben nodwydd yn finiog	*both ends of a needle are not sharp*

mistar: mae mistar ar Fistar Mostyn *perchennog tir pwysig* — *there will always be one better*

moch: mae clustiau mawr gan foch bach — *little piglets have big ears*

modrwy aur yn nhrwyn yr hwch yw benyw lân heb synnwyr — *an attractive, hare-brained woman is like a golden staple in a sow's nose*

modryb ail fam, modryb dda — *a good aunt is like a second mother*

moddion: chwerthin yw moddion gorau afiechydon fil — *laughter is the best medicine*

    does dim moddion sy'n gwella casineb — *there's no remedy for hate*

môr: nid yw moroedd tawel yn gwneud morwyr da — *calm seas never made for good sailors*

morgrugyn yn medru dymchwel clawdd — *an ant can raze a hedge*

mul: does dim disgwyl gan ful ond cic — *what would you expect from an ass other than a kick?*

mur: sicra'r mur po arwa'r garreg — *the rougher the stone the stronger the wall*

    mae'r ysgrifen ar y mur *cyfeiriad at wledd Belsassar yn y Beibl pan ymddangosodd rhybudd ar y mur* — *the writing's on the wall*

mwg yn mynd i fyny'n syth, tywydd sych yn dilyn — *smoke rising undisturbed will be followed by fine weather*

    gofalwch rhag syrthio i'r tân wrth osgoi'r mwg — *beware of falling into the fire while escaping the smoke*

mwy: melys moes mwy — *more please*

mygu: brawd mygu yw tagu — *six of one and half a dozen of the other*

    mae un llinyn yn mygu ond nid yw'n llosgi — *a single strand smoulders, it doesn't flare up*

myn: mae'r afr yn caru ei myn, bid ef yn ddu, bid ef yn wyn — *a mother's child can do no wrong*

mynd: hyn hefyd a â heibio — *all this too shall pass*

does dim diben mynd o flaen gofid — *don't go out to meet trouble*

hawdd yw d'wedyd 'Dacw'r Wyddfa' - Nid eir drosti ond yn ara' — *easier said than done*

mynnu: a fynno glod bid farw — *to become famous you need to die*

a fynno gymwynas, gwna gymwynas — *to gain a favour, do a favour*

a fynno iechyd, bydd lawen — *happiness is health*

dallaf o bawb na fynn weld — *there's none so blind as they who will not see*

fe fynn y gwir ei le — *truth will out*

mynydd: bydd dau ddyn yn cyfarfod yn gynt na dau fynydd — *two men can meet, not so two mountains*

mynydde'n agos - arwydd o law — *mountains are clear, rain is near*

mynydde'n bell - tywydd ffein — *mountains far away, fine weather on the way*

N

nadredd *gw.* neidr

naddu: y graig y'm (y'th, y'i, a.y.b.) naddwyd ohoni

the rock from which I'm hewn

ni all cyllell naddu ei dolen ei hun

a knife cannot carve its own handle

nain: cân di bennill mwyn i'th nain, fe gân dy nain i tithau

you scratch my back, I'll scratch yours

nam: mwy gwerthfawr gem â nam na charreg berffaith

a faulty jewel is more precious than a perfect pebble

nant: nid yw nant yn codi'n uwch na'i tharddiad

a spring never rises higher than its source

natur: mae natur y cyw yn y cawl

betrays its roots

naturiol: mae siarad yn naturiol, mae distewi yn ddoeth

speaking is natural, silence is wise

naw byw cath *gallu'r gath i ddisgyn ar ei thraed*

cat's nine lives

nef: trallodion yw ffyn yr ysgol sy'n esgyn i'r nef

adversity forms the rungs of the ladder that reaches up to heaven

neges: cennad hwyr, drwg ei neges

late messenger, bad news

neidr: anodd i neidr anghofio sut i frathu

a leopard doesn't change its spots

nerth: nid â nerth braich ac ysgwydd y mae canu crwth *hen ffidil*

brute strength's no use when playing the fiddle

nerth Sais: ei hyder

an Englishman's strength his savoir-faire

mewn undeb mae nerth

united we stand

nes penelin na garddwrn

blood is thicker than water

newydd: gwyn pob newydd, llwyd pob hen

novelty glitters, age gives a patina

newydd: wythnos gwas newydd

a new broom sweeps clean

newyddion: gall newyddion drwg hedfan heb adenydd

bad news travels fast

nodwydd: nid yw dau ben nodwydd yn finiog

both ends of a needle are not sharp

O

oedi: os syrthiaist, nac oeda godi — *if you fall, get up at once*

oeri: pilo wye ac oeri cawl — *beat about the bush*

oes: yn eu harch parch, yn eu hoes croes — *respected in death, reviled in life*

i fwydo dyn am ddiwrnod, rhowch iddo bysgod; i fwydo dyn am oes dysgwch iddo bysgota — *to feed a man for a day, give him a fish, to feed a man for life, teach him how to fish*

ofer bethau *gw.* Atodiad 1

ofer canu crwth i fyddar — *waste of time*

ofer cludo heli i'r môr — *waste of time and effort carting salt to the sea*

ofer cneua mewn brwyn — *waste of time and effort looking for nuts in bullrushes*

ofer codi pais ar ôl piso — *waste of time and effort lifting your petticoat after you've peed*

ofer cyrchu dŵr dros afon — *waste of time and effort carrying water over a river*

ofer dangos y dibyn i'r dall — *waste of time and effort showing a blind person the edge of a cliff*

ofer dweud pader wrth berson — *waste of time and effort teaching a parson to pray*

ofer cau'r stabal wedi dwyn y march — *waste of time and effort shutting the door after the horse has bolted*

ofer golchi traed hwyaden — *waste of time and effort washing a duck's feet*

ofer iro blonegyn *greasing a fatball* — *waste of time and effort greasing lard*

cymryd enw rhywun yn ofer — *bandy someone's name about*

ofn: nac ofnwch dyfu'n araf, ofnwch sefyll yn llonydd — *don't be afraid of growing slowly, fear standing still*

ôl: dalen lân y mae pawb yn gadael ei ôl arni yw bywyd plentyn — *tabula rasa – a child's life*

osgoi: gorau osgoi cyfaill a ddaw'n feistr

avoid a friend who becomes your boss

gofalwch rhag syrthio i'r tân wrth osgoi'r mwg

beware of falling into the fire while escaping the smoke

P

pader: does dim rhaid dweud pader wrth berson — *don't teach your grandmother to suck eggs*

pais: ofer codi pais ar ôl piso — *a waste of time and effort lifting your petticoat after you've peed*

pant: i'r pant y rhed y dŵr — *success attracts success*

papur: pentwr o bapur yw llyfr heb ei agor — *an unopened book is just a pile of paper*

paradwys: nid oes baradwys heb ei haredig — *it can't be paradise if it can't be tilled*

a fo nesaf i'r eglwys, pellach oddi wrth baradwys — *nearer the church, further from heaven*

paratoi: mae yfory yn perthyn i'r bobl sy'n paratoi ar ei gyfer heddiw — *tomorrow belongs to those who prepare today*

parch: ni bydd parch i hen gynefin — *no respect for the old ways*

yn eu harch parch, yn eu hoes croes — *respected in death, reviled in life*

pared: taro'r post i'r pared glywed — *drop a hint*

pawb â'i fys lle bo'i ddolur — *each to his own*

pawb at y peth y bo — *each to his own*

pawb sy'n mesur arall wrtho'i hun — *everyone measures others against themselves*

pechod: hen fel pechod — *old as sin*

mae'r sawl sy'n pechu yn ysgrifennu ar dywod, mae'r sawl a bechir yn ysgrifennu ar farmor — *the intimidator writes in sand, the victim inscribes in marble*

y Diafol yn gweld bai ar bechod — *the pot calling the kettle black*

pedoli: y cyntaf i'r efail gaiff bedoli — *first come, first served*

pell: os am deithio'n gyflym ewch wrthych eich hun, os am deithio'n bell ewch yn gwmni — *to travel quickly, travel alone, to travel far travel in a group*

yn ddibryder mae teithio'n bell — *to travel far you need to get rid of all your cares*

pen: ym mhob pen mae piniwn — *everyone has an opinion*

  cadw fy mhen uwchlaw'r dŵr — *keep your nose above the water*

  cwrw ym mol, twrw ym mhen — *three sheets in the wind*

  chwilen yn fy mhen — *bee in my bonnet*

  hen ben — *an old hand*

  mae dau ben i bob llinyn — *there are two ends to a piece of string*

  nid yw dau ben nodwydd yn finiog — *both ends of a needle are not sharp*

  mae pysgodyn yn pydru o'r pen i lawr — *a fish always stinks from the head down*

  tynnu (rhywbeth) am fy mhen — *bring it on my own head*

penelin: nes penelin na garddwrn — *blood is thicker than water*

pennog gyda phwn dyr asgwrn cefn ceffyl — *the straw that broke the camel's back*

pentwr o bapur yw llyfr heb ei agor — *an unopened book is just a pile of paper*

perchyll: fel bo'r hwch y bo'r perchyll — *like mother like daughter*

perffaith: mwy gwerthfawr gem â nam na charreg berffaith — *a faulty jewel is more precious than a perfect pebble*

person: ofer dweud pader wrth berson — *a waste of time and effort teaching a parson to pray*

perthyn: mae yfory yn perthyn i'r bobl sy'n paratoi ar ei gyfer heddiw — *tomorrow belongs to those who prepare today*

peswch: utgorn angau, peswch sych — *death's clarion call, a dry cough*

pilo wye ac oeri cawl — *beat about the bush*

piniwn: ym mhob pen mae piniwn — *everyone has an opinion*

piso dryw bach yn y môr — *a fart in a thunderstorm*

  piso yn erbyn y gwynt — *piss against the wind*

  ofer codi pais ar ôl piso — *a waste of time and effort lifting your petticoat after you've peed*

plannu: o blannu porfa ni chewch flodau — *you won't get flowers if you plant grass*

plentyn: plant

plentyn i'r dyn sy'n dad	*the child is father of the man*
dwywaith yn blentyn ac unwaith yn ddyn	*twice a child, only once an adult*
dalen lân y mae pawb yn gadael ei ôl arni yw bywyd plentyn	*tabula rasa – a child's life*
mae poen ar rai â phlant; mae'n dyblu ar y di-blant	*a problem with the children doubles for the childless*
magu plant: magu poen	*breed children: breed problems*
wrth gropian mae plentyn yn dysgu sefyll	*from crawling a child learns to stand*
pluen yn fy nghap *arfer Indiaid America oedd gwisgo pluen am bob gelyn a laddwyd ganddynt*	*a feather in one's cap*
poen: dim poen, dim elw	*no pain no gain*
mae rhywbeth bach yn poeni pawb	*everyone has at least one niggle*
mae poen ar rai â phlant; mae'n dyblu ar y di-blant	*a problem with the children doubles for the childless*
magu plant: magu poen	*breed children: breed problems*
mwya' poen, poen methu	*greatest pain, failure*
mae rhywbeth bach yn poeni pawb	*everyone has at least one niggle*
plygu: gwell plygu fel cawnen na chwympo fel derwen	*better to bend like a reed than to snap like a tree*
gwell y wialen sy'n plygu na'r un sy'n torri	*prefer a rod that bends to one that breaks*
poeth: taro'r haearn tra bo'n boeth *gwaith gof*	*strike while the iron is hot*
porfa: o blannu porfa ni chewch flodau	*you won't get flowers if you plant grass*
pori: ni raid gyrru buwch i bori, mae agor iet yn ddigon	*you don't drive a cow to graze, you just open the gate*
post: taro'r post i'r pared glywed	*drop a hint*
potes: un llysieuyn diflas sy'n difwyno'r holl botes	*a bad apple spoils the barrel*

huddygl i botes	*a fly in the ointment*
mae prawf y potes yn y bwyta	*the proof of the pudding is in the eating*
praidd: dafad ddu ym mhob praidd	*there's a black sheep in every flock*
prawf nid dadl	*proof is what's needed not argument*
prawf y potes yn y bwyta	*the proof of the pudding is in the eating*
pregeth:pregethwyr gorau pregeth: bywyd da	*the best sermon a virtuous life*
llawer o bregethwyr nid ydynt yn clywed eu hunain	*many preachers fail to listen to themselves*
pren:methu gweld y coed gan brennau	*can't see the wood for the trees*
pridd y wadd sy'n achosi dyn i faglu, nid mynyddoedd	*you trip and fall over molehills not mountains*
prinder: gorau prinder, prinder geiriau	*the best deficiency, a lack of words*
problem: os nad wyt ti'n rhan o'r ateb, rwyt ti'n rhan o'r broblem	*if you're not part of the answer, you're part of the problem*
profiad yw'r crib a roddir inni gan fywyd ar ôl moeli	*experience is the comb life gives you - after you go bald*
proffwyd: ni bydd neb broffwyd yn ei wlad ei hun	*no one becomes a prophet in his own land*
prydferthwch: nid prydferth prydferthwch ond yr hyn a hoffwch	*beauty is no more than that which you love*
prynu: a bryn dir a bryn gerrig	*nothing is perfect*
gwell yr hyn a fegir na'r hyn a brynir	*home bred is better than bought*
o brynu tir, fe bryni gerrig	*you buy land, you buy stones*
prynu sâl: prynu eilwaith	*buy cheap, buy twice*
gwell difaru gwerthu na difaru prynu	*better to regret selling than buying*
prynu aerwy cyn prynu buwch	*put the cart before the horse*
prynu cath mewn cwd	*buy a pig in a poke*
paid â phrynu cath mewn cwd	*don't buy a pig in a poke*
punt: gwell ceiniog gyson na phunt ysbeidiol	*a steady penny beats the occasional pound*

mae'r bunt sy'n hawdd ei hennill yn mynd yn gynt na'r gweddill	*easy come easy go*
pwdin: gormod o bwdin a dagith gi	*choking on too much cream*
pwff a drewi dyna i gyd	*all wind and piss*
pwll y môr: siarad fel pwll y môr	*talk tirelessly*
pwn: pennog gyda phwn dyr asgwrn cefn ceffyl	*the straw that broke the camel's back*
pwyll: gwell hir bwyll na thrais	*better jaw jaw than war war*
arf doeth - pwyll: arf ynfyd - dur	*jaw jaw not war war*
byr bwyll, hir alar	*act in haste, repent at leisure*
gŵr heb bwyll, llong heb angor	*a rash man is a ship without an anchor*
tan enw pwyll y daw twyll	*deceit sneaks in in the guise of caution*
pwyso: dylid pwyso geiriau nid eu cyfrif	*words should be weighed not counted*
pwyth mewn pryd sy'n safio wyth	*a stitch in time saves nine*
pydru: mae pysgodyn yn pydru o'r pen i lawr	*a fish always stinks from the head down*
pysgod:pysgodyn byddai hyd yn oed bysgodyn yn ddiogel pe na bai'n agor ei geg	*you wouldn't catch a fish unless it opened its mouth*
mac cystal pysgod yn y môr ag a ddaliwyd	*there are always more fish in the sea*
pysgodyn allan o ddŵr	*a fish out of water*
mae pysgodyn yn pydru o'r pen i lawr	*a fish always stinks from the head down*
tan y geulan mae'r pysgod gorau	*the biggest fish are found under the bank*
pysgota: i fwydo dyn am ddiwrnod, rhowch iddo bysgod; i fwydo dyn am oes dysgwch iddo bysgota	*to feed a man for a day, give him a fish, to feed a man for life, teach him how to fish*
pyst dan yr haul - diwrnod braf	*columns seen under the sun, a fine day to come*

Rh

rhagfarn: nid oes gan un pren wreiddiau dyfnach na rhagfarn

no tree has deeper roots than prejudice

rhagor: digon yw ychydig yn rhagor nag sydd gennyt

sufficient is a little more than you already have

rhedeg: cyfarth gyda'r cŵn a rhedeg gyda'r cadno

run with the fox and hunt with the hounds

angen a yrr hen i redeg

necessity is the mother of invention

rhemp: lle bo camp bydd rhemp

wherever there's a winner there will be detractors

rheol: mae eithriad i bob rheol

there's an exception to every rule

rhigol: does dim rhigol ar ffordd newydd

no potholes in a new road

rhodd o fodd yw'r rhodd orau

a voluntary gift is the best sort of gift

nid edrychir ar ddannedd march rhodd *ei ddannedd sy'n dynodi oedran ceffyl*

don't look a gift horse in the mouth

rhoi: y llaw sy'n rhoi sy'n casglu

the hand that gives is the hand that receives

gwell rhoi ceiniog na benthyca ugain

better to give a penny than to lend twenty

rhosyn: o chwennych rhosyn, goddefa'r drain

if you desire roses you must cope with the thorns

rhwydd ei gael, rhwydd ei golli

easy come easy go

rhwymo: nid ag edau wlân mae rhwymo tarw gwyllt

you don't use wool to rope a bull

rhyddid: nid rhyddid rhyddid nad yw'n derbyn camgymeriadau

freedom that accepts no mistakes is not freedom

rhyfel: gwell yr heddwch gwaethaf na'r rhyfel gorau

better a poor peace than a good war

S

saeth: un saeth a dyr yn rhwydd, nid felly deg saeth ynghlwm — *a single reed will snap, not so a bunch of reeds bound together*

saethu: haws barnu na saethu — *it's easier to criticise than to shoot*

safio: pwyth mewn pryd sy'n safio wyth — *a stitch in time saves nine*

Sais: nerth Sais: ei hyder — *an Englishman's strength his savoir-faire*

rho lathen i Sais ac fe gymer filltir — *give an Englishman an inch and he'll take a mile*

sefyll: wrth gropian mae plentyn yn dysgu sefyll — *from crawling a child learns to stand*

mae geiriau'n diflannu ond mae gweithredoedd yn sefyll — *words evaporate, deeds remain*

nac ofnwch dyfu'n araf, ofnwch sefyll yn llonydd — *don't be afraid of growing slowly, fear standing still*

seinio fy nghlodydd fy hun — *blow your own trumpet*

serch: nid yw serch yn cysgu — *desire doesn't sleep*

serch a wna ffordd drwy ddŵr a thân — *love will find a way through thick and thin*

sgìl: llawer sgìl i gael Wil i'w wely — *more ways of killing a cat than drowning it in cream*

sgleinio fel ceilliau ci — *shining like a dog's testicles*

sgwarnog: os wyt ti'n cyrchu dwy sgwarnog wnei di ddim dal yr un — *if you chase two hares you won't catch either*

siarad fel melin bupur — *chatter on and on*

siarad fel pwll y môr — *talk tirelessly*

mae un waedd mewn pryd yn well na siarad parhaus — *a timely cry is worth a thousand words*

siarad llai, gwrando mwy — *say less, listen more*

mae siarad yn naturiol, mae distewi yn ddoeth — *speaking is natural, silence is wise*

sicr: sicra'r mur po arwa'r garreg — *the rougher the stone the stronger the wall*

siom ar yr ochr orau

a pleasant surprise

siop: gofalwch nad yw'r hwch yn mynd drwy'r siop

a failed business

peidiwch ag agor siop os nad ydych chi'n gallu gwenu

don't bother opening a shop if it's service without a smile

stabal: ofer cau'r stabal wedi dwyn y march

a waste of time and effort shutting the door after the horse has bolted

suddo: pan fo llawer yn llywio, fe sudda'r llong

too many cooks spoil the broth

syfi: lle aml y syfi, aml y nadroedd

where there are wild strawberries there are also snakes

synnwyr: ceisiwch gyngor ond defnyddiwch synnwyr

take advice but use your head

modrwy aur yn nhrwyn yr hwch yw benyw lân heb synnwyr

an attractive, hare-brained woman is like a golden staple in a sow's nose

gwerth dy wybodaeth i brynu synnwyr

sell your knowledge to buy some sense

syrthio: os syrthiaist, nac oeda godi

if you fall, get up at once

gofalwch rhag syrthio i'r tân wrth osgoi'r mwg

beware of falling into the fire while escaping the smoke

yr un sy'n dringo yw'r un sy'n syrthio

you only fall if you start climbing

rhy uchel a syrth

too high for itself and it falls

T

tad: plentyn i'r dyn sy'n dad — *the child is father of the man*

gwell mam anghenog na thad goludog — *better a needy mother than a wealthy father*

taeog: cos din taeog; efe a gach yn dy law — *scratch a boor's arse and he'll shit in your hand*

taflwr: mae lludw yn hedfan i wyneb ei daflwr — *ashes fly in the face of the thrower*

tafod sy'n traethu gweithredoedd sy'n dangos — *fine deeds are more eloquent than fine words*

hir ei dafod, byr ei wybod — *long of tongue, short on learning*

paid â gadael i'th dafod dorri dy wddf — *don't let your tongue cut your throat*

tair modfedd yw hyd tafod ond mae'n gallu lladd cawr — *a tongue is only three inches long yet it can bring down giants*

chwerw ar y tafod, melys yn y bola — *bitter on the tongue, sweet in the stomach*

tagu: brawd mygu yw tagu — *six of one and half a dozen of the other*

gormod o hwdin a dagith gi — *choking on too much cream*

taith mil o filltiroedd yn cychwyn ag un cam — *a journey of a thousand miles begins with a single step*

cam dros y trothwy, hanner y daith — *half the job is getting started*

tân: hawdd cynnau tân ar hen aelwyd — *it's easy to rekindle a fire on an old hearth*

gwell yn y crochan nag yn y tân — *better in the frying pan than in the fire*

tarddiad: nid yw nant yn codi'n uwch na'i tharddiad — *a spring never rises higher than its source*

tarfu: llais deilen yn y gwynt sy'n tarfu ar gydwybod euog — *a guilty person flees from his own shadow*

taro'r haearn tra bo'n boeth *gwaith gof* — strike while the iron is hot

    taro'r post i'r pared glywed — drop a hint

    meddwl ddwywaith cyn taro unwaith — think twice before striking once

taro: mwy o dwrw nag o daro — all talk no action

tarw: nid ag edau wlân mae rhwymo tarw gwyllt — you don't use wool to rope a bull

tawelwch: a gwedi elwch tawelwch fu *llinell o'r 6^{ed} ganrif gan y bardd Aneirin* — after the storm comes the calm

tebyg at ei debyg — like to like

    tebyg i ddyn fydd ei lwdn — like father like son

teg edrych tuag adref — it's nice to go home

teiliwr: tin trowser teiliwr sy mas — it's the tailor's trousers that have a hole in them

teithio: a deithio mewn cariad nid mwy mil filltir nag un — on a journey of love, a thousand miles is no further than one

    os am deithio'n gyflym ewch wrthych eich hun, os am deithio'n bell ewch yn gwmni — to travel quickly, travel alone, to travel far travel in a group

    ffôl sy'n crwydro, mae'r doeth yn teithio — a fool wanders, a wise man goes on a journey

    yn ddibryder mae teithio'n bell — to travel far you need to get rid of all your cares

    gwell teithio mewn gobaith na chyrraedd mewn anobaith — better to travel in hope than to arrive hopeless

    taith mil o filltiroedd yn cychwyn ag un cam — a journey of a thousand miles begins with a single step

tenant: gwell tŷ gwag na thenant gwael *ymadrodd wrth ollwng gwynt* — better the house empty than with a poor tenant

teulu: mae teulu fel coedwig: o'r tu allan mae'n ddudew, oddi mewn fe welwch fod gan bob coeden ei lle — a family is like a forest, impenetrable from afar but within, each tree has its place

tewi: nid oes am y peth a aeth heibio ond tewi â sôn a gadael iddo — *best left alone*

tin trowser teiliwr sy mas — *it's the tailor's trousers that have a hole in them*

cos din taeog; efe a gach yn dy law — *scratch a boor's arse and he'll shit in your hand*

tir: a bryn dir a bryn gerrig — *nothing is perfect*

to: rhoi'r ffidil yn y to — *put your tools on the bar*

nid ar un to yn unig y mae'n bwrw glaw — *rain doesn't fall on just one roof*

tomen: ar ben ei domen, pob ceiliog fydd frenin — *cock of the walk*

tonc: dyfal donc sy'n torri'r garreg — *perseverance pays*

torri crib ceiliog *o'r arfer o dorri crib ceiliog wedi ei ddisbaddu* — *bring (someone) down a peg or two*

edau ry dynn sy'n torri — *the thread that's stretched too far is the one that snaps*

gwell y wialen sy'n plygu na'r un sy'n torri — *prefer a rod that bends to one that breaks*

torri i'r byw — *cut to the quick*

torri'r garw — *break bad news*

dyfal donc sy'n torri'r garreg — *perseverance pays*

torri'r got yn ôl y brethyn *o waith teiliwr* — *cut the coat according to the cloth*

torrwch bob dim yn ei flas — *leave them wanting more*

un saeth a dyr yn rhwydd, nid felly deg saeth ynghlwm — *a single reed will snap, not so a bunch of reeds bound together*

tor dy wisg yn ôl y brethyn — *cut the coat according to the cloth*

pennog gyda phwn dyr asgwrn cefn ceffyl — *the straw that broke the camel's back*

torth: ni ellir cadw torth a'i bwyta — *you can't have your cake and eat it*

trachwant: nid yw trachwant byth yn cael digon — *lust is never satisfied*

traed *gw.* troed

traethu: tafod sy'n traethu, gweithredoedd sy'n dangos
fine deeds are more eloquent than fine words

trai i bob llanw
every tide has its ebb and flow

   po fwyaf y llanw po fwyaf y trai
the greater the flow of the tide, the greater its ebb

trais: trech gwên na thrais
a smile can disarm a person

   gwell hir bwyll na thrais
better jaw jaw than war war

trallod a ddaw â dysg yn ei law
sweet are the uses of adversity

   trallodion yw ffyn yr ysgol sy'n esgyn i'r nef
adversity forms the rungs of the ladder that reaches up to heaven

   pan fydd trallod yn cysgu peidiwch â'i ddeffro
let sleeping dogs lie

trech awen na dysg
inspiration trumps learning

   trech gwên na thrais
a smile can disarm a person

   trech gwlad nag arglwydd
vox populi

treulio: treulir llawer pâr o esgidiau rhwng dweud a gwneud
many a pair of shoes have been worn out between saying and doing

tro yn ei gynffon
a twist in the tail

troed: dim ond ffŵl sy'n defnyddio'i ddwy droed i brofi dyfnder afon
only a fool uses both feet to test the water's depth

   llunio'r gwadn/wadn fel y bo'r troed *gwaith crydd*
cut the coat according to the cloth

   ofer golchi traed hwyaden
a waste of time and effort washing a duck's feet

troi fel cwpan mewn dŵr
turn every which way and but

trothwy: cam dros y trothwy, hanner y daith
half the job is getting started

trowser: tin trowser teiliwr sy mas
it's the tailor's trousers that have a hole in them

truan: os dillad yw'r dyn, y dyn yw'r truan
if clothes maketh the man - poor man

trwyn: wysg fy nhrwyn
against my will

trysor: lle mae dy drysor y mae dy galon
where lies your treasure, there lies your heart

twll: gwell clwt na thwll

  mae twll bach yn gallu suddo llong fawr

twrw: mwy o dwrw nag o daro

  cwrw ym mol, twrw ym mhen

twpsyn pum munud yw'r sawl sy'n holi, twpsyn am byth yw'r sawl nad yw'n holi

twyllo: tan enw pwyll y daw twyll

  nid twyll yw twyllo twyllwr

  a'm twyllo unwaith, rhag dy gywilydd; a'm twyllo eilwaith, rhag fy nghywilydd

  gormod gobaith sy'n twyllo

  hawdd i weniaith dwyllo unwaith

  nid hawdd twyllo hen frithyllod

  unwaith yn unig y mae twyllo un call

tŷ: mae tŷ gwag yn well na thenant gwael *ymadrodd wrth ollwng gwynt*

tybio: yr hen sy'n gwybod, tybio mae'r ifainc

tyfu: nac ofnwch dyfu'n araf, ofnwch sefyll yn llonydd

  mae baban yn tyfu, nid felly ei gadachau

tylwyth: ni ellir dwyn dyn oddi ar ei dylwyth

tymestl: mewn tymestl mae adnabod llongwr da

tyn: edau ry dynn sy'n torri

tynnu (rhywbeth) am fy mhen

---

a patch is better than a hole

a small leak will sink a great ship

all talk no action

three sheets in the wind

someone who asks is a fool for five minutes, someone who doesn't ask could be a fool for life

deceit sneaks in in the guise of caution

it's not deceitful to deceive a deceiver

woe betide him who tricks me once; woe betide me if he tricks me twice

deceived by being over-optimistic

flattery can succeed the first time

it's not easy to fool old stagers

once bitten twice shy

an empty house is better than a poor tenant

the old know, the young assume

don't be afraid of growing slowly, fear standing still

a baby will grow, not so his nappies

blood is thicker than water

a storm is the place to find the best sailors

the thread that's stretched too far is the one that snaps

bring it on my own head

anodd tynnu cast o hen geffyl
arfer drwg

you can't teach an old dog new tricks

tywod: mae'r sawl sy'n pechu yn ysgrifennu ar dywod, mae'r sawl a bechir yn ysgrifennu ar farmor

the intimidator writes in sand: the victim inscribes in marble

tywydd

   ymadroddion tywydd *gw.*
   Atodiad 2

tywyll: yr awr dywyllaf yw'r nesaf i'r wawr

the darkest hour is before the dawn

   gwell cynnau cannwyll na melltithio'r tywyllwch

better to light a candle than rage against the dark

tywys: y dall yn tywys y dall

the blind leading the blind

tywysen lawn sy'n gostwng ei phen: tywysen wag sy'n sefyll yn syth *sylw o fyd amaeth*

a full ear of corn bows its head, it's the empty one that stands proud

U

uchel fy nghloch
   rhy uchel a syrth
uffern: cyw a fegir yn uffern yn
uffern y myn fod

undeb mewn undeb mae nerth
unioni coeden pan fydd yn ifanc
unwaith yn unig y mae twyllo un
call
us yr us a ddaw i'r wyneb
utgorn angau, peswch sych

a bell in every tooth
too high for itself and it falls
a leopard doesn't change its spots

united we stand
straighten a tree when it's a sapling
once bitten twice shy

it's the chaff that rises to the surface
death's clarion call, a dry cough

W

wal: mae angen sawl math o gerrig i
godi wal
wyneb mae wyneb i waered i waered

   yr us a ddaw i'r wyneb

wysg fy nhrwyn
wythnos gwas newydd

a good wall needs a variety of stone

*there's a wrong way round for upside
down*
it's the chaff that rises to the surface

against my will
a new broom sweeps clean

Y

ychydig yn aml sy'n gwneud llawer	*little but often is best*
yfory: gŵr dieithr yw yfory	*tomorrow is another day*
gad yfory tan yfory	*don't worry about tomorrow, it may never come*
gwell wy heddiw na iâr yfory	*better an egg today than a hen tomorrow*
mae yfory yn perthyn i'r bobl sy'n paratoi ar ei gyfer heddiw	*tomorrow belongs to those who prepare today*
ynghlwm: un saeth a dyr yn rhwydd, nid felly deg saeth ynghlwm	*a single reed will snap, not so a bunch of reeds bound together*
ymarfer: meistr pob gwaith: ymarfer	*practice makes master*
ymdrechu: nid diogi, ymdrechu a methu	*striving and failing is not idleness*
ymennydd: anodd dallt ymennydd dyn	*there's nowt stranger than folk*
ymgrymu: o ymgrymu, ymgrymwch yn isel	*if you bow at all, bow low*
ynfyd: ni wêl yr ynfyd ei fai	*a fool finds no fault*
nid yw'r ynfyd yn gallu cuddio'i feddwl	*the foolish person cannot hide his thoughts*
nid yw'r ynfyd yn gweld ei fai	*the foolish person sees no wrong*
arf doeth - pwyll: arf ynfyd - dur	*jaw jaw not war war*
ysbeidiol: gwell ceiniog gyson na phunt ysbeidiol	*a steady penny beats the occasional pound*
ysgall: os heui ysgall, ni chei wenith	*if you sow thistles, you'll get no wheat*
ysgol: trallodion yw ffyn yr ysgol sy'n esgyn i'r nef	*adversity forms the rungs of the ladder that reaches up to heaven*

ysgrifen mae'r ysgrifen ar y mur
cyfeiriad at wledd Belsassar yn y
Beibl pan ymddangosodd rhybudd ar
y mur

the writing's on the wall

    mae'r sawl sy'n pechu yn
    ysgrifennu ar dywod, mae'r sawl a
    bechir yn ysgrifennu ar farmor

the intimidator writes in sand, the
victim inscribes in marble

ysgub: amlaf ei gŵys, amlaf ei ysgub

as ye sow so shall ye reap

ystlys: draenen yn ystlys

thorn in the flesh

ystyried: a ddarlleno, ystyried

pay attention to what you read

Atodiad 1 Ofer bethau

alarch: golchi traed yr alarch (yn wyn)	*a waste of time and effort*
blingo hwch â chyllell bren	*a waste of time and effort*
bugeilio'r brain	*a waste of time and effort*
bwyta potsh â rhaw	*attempt the impossible*
bwyta uwd â mynawyd	*attempt the impossible*
canu crwth i fyddar	*a waste of time and effort*
cludo heli i'r môr	*a waste of time and effort carting salt to the sea*
iro blonegen	*a waste of time and effort*
ofer cadw ci a chyfarth dy hunan	*a waste of time and effort keeping a dog and barking yourself*
ofer dangos y dibyn i'r dall	*a waste of time and effort showing a blind person the edge of a cliff*

Atodiad 2 Ymadroddion tywydd

blwyddyn o eira, blwyddyn o lawndra	*year with snow year of plenty*
bwa'r arch y bore, amal gawode	*rainbow in the morning, showers all day*
bwa'r arch brynhawn, tywydd braf a gawn	*rainbow after noon, fine weather to follow*
bwrw glaw nid ar un to yn unig y mae'n bwrw glaw	*rain doesn't fall on just one roof*
bwrw cyllyll a ffyrc	*raining cats and dogs*
bwrw hen wragedd a ffyn	*raining stair rods*
cyflog y gwynt yw glaw	*first the wind then the rain*

eira mân, eira mawr — *small flakes, big snow*

blwyddyn o eira, blwyddyn o lawndra — *year with snow, year of plenty*

eira cyn Glangaea', erthyla'r gaea' — *snow before Halloween aborts the winter*

lle heno eira llynedd — *where now the snows of yesteryear*

gwenoliaid yn hedeg yn uchel *tywydd braf* — *swallows high – fine weather*

gwenoliaid yn hedeg yn isel *tywydd drwg* — *swallows low – poor weather*

cyflog y gwynt yw glaw — *first the wind then the rain*

lleuad: cylch yn agos i'r lleuad - storom ymhell; cylch ymhell a glaw yn agos — *corona near - storm far; corona far - rain near*

Mawrth a ladd, Ebrill a fling, a rhyngon nhw'u dau adawan nhw ddim — *March kills, April flays and between them leave nothing*

hanner Mawrth a hanner Medi, dydd a nos 'run hyd â'i gily' — *halfway through March and September, day and night are equal*

Ebrill oer - sgubor lawn — *cold April, full barns*

Mai gwlyb - ydlan lawn — *wet May, a full rickyard*

Mehefin gwych os daw, peth yn sych a pheth yn law — *the best June has some fine days and some wet*

mwg yn mynd i fyny'n syth, tywydd sych yn dilyn — *smoke rising undisturbed will be followed by fine weather*

pyst dan yr haul - diwrnod braf — *columns seen under the sun, a fine day to come*

A

according to them they never did anyone any harm	*diniwed pawb os gwrandewi arnynt*
acquire estates	*cydio maes wrth faes*
act in haste, repent at leisure	*byr bwyll, hir alar*
act in haste, repent at leisure	*byr feddwl wna hir ofal*
actions speak louder than words	*da yw dweud ond gwell yw gwneud*
admit to one's failings	*disgyn ar fy mai*
admitting it is the hardest part of forgiveness	*deuparth cywiro, cydnabod*
adversity forms the rungs of the ladder that reaches up to heaven	*trallodion yw ffyn yr ysgol sy'n esgyn i'r nef*
after the storm comes the calm	*a gwedi elwch tawelwch fu*
against my will	*wysg fy nhrwyn*
all are equal in the face of death	*bedd a wna bawb yn gydradd*
all end in tears	*chwarae'n troi'n chwerw*
all end in tears	*gofalwch nad yw chwarae'n troi'n chwerw*
all talk no action	*mwy o dwrw nag o daro*
all talk no action	*y mwyaf ei fost lleiaf ei orchest*
all talk, no action	*bost mawr a gorchest fechan*
all talk, no action	*mawr ei fost, bach ei orchest*
all that glisters is not gold	*nid aur popeth melyn*
all things come to those who wait	*caffed amynedd ei berffaith waith*
all this too shall pass	*a hyn hefyd a â heibio*
all this too shall pass	*hyn hefyd a â heibio*
all wind and piss	*pwff a drewi dyna i gyd*
alpha and omega	*alffa ac omega*
always rushed, always late	*gwastad mewn brys, gwastad ar ôl*
am I my brother's keeper	*ai ceidwad fy mrawd ydwyf fi*
an early start is the best start	*codi'n fore, hanner gore'r gwaith*

an elegant sufficiency, any more would be a superfluity

gwell digon na gormod

an important little man; a small important man

dyn mawr bach a dyn bach mawr

an inch of time is an inch of gold, but you cannot buy an inch of time with an inch of gold

modfedd o aur yw modfedd o amser ond ni ellir prynu modfedd o amser â modfedd o aur

an oak will fall sooner than a bramble

bydd derwen yn cwympo'n gynt na miaren

an old people- a long memory, an old memory- the truth

hen genedl- cof hir, hen gof- y gwir

an unopened book is just a pile of paper

pentwr o bapur yw llyfr heb ei agor

angel abroad a devil at home

angel pen ffordd a diawl pen pentan

ant can raze a hedge

mae morgrugyn yn medru dymchwel clawdd

anyone who believes themselves to be a leader is only going for a stroll unless someone follows

mae unrhyw un sy'n meddwl ei fod yn arwain heb fod neb yn ei ddilyn ond yn mynd am dro

appear in court

mynd o flaen fy ngwell

as steep the climb to trust, the descent is even steeper

po uchaf bryn ymddiried, garwaf fyth y goriwaered

as ye sow so shall ye reap

a heuo'r gwynt a fed y corwynt

as ye sow so shall ye reap

pa beth bynnag mae dyn yn hau hynny hefyd y bydd yn ei fedi

as you judge so shall you be judged

peidiwch â barnu neu fe'ch bernir

as ye sow so shall ye reap

amlaf ei gŵys, amlaf ei ysgub

ashes fly in the face of the thrower

lludw yn hedfan i wyneb ei daflwr

at each other's throats

yng ngyddfau'i gilydd

attempt the impossible

bwyta potsh â rhaw

attempt the impossible

bwyta uwd â mynawyd

attractive, hare-brained woman is like a gold staple in a sow's nose

modrwy aur yn nhrwyn yr hwch yw benyw lân heb synnwyr

avoid a friend who becomes your boss

gorau osgoi cyfaill a ddaw'n feistr

B

baby will grow, not so his nappies	*baban yn tyfu nid felly ei gadachau*
bad apple spoils the barrel	*un llysieuyn diflas sy'n difwyno'r holl botes*
bad news travels fast	*mae newydd drwg yn hedfan heb adenydd*
bad news travels fast	*gall newydd drwg hedfan heb adenydd*
bandy someone's name about	*cymryd enw rhywun yn ofer*
barbed comments	*anelu saethau*
bark is better than bite	*gwell bygwth na tharo*
barking dog seldom bites	*nid y ci sy'n cyfarth sy'n cnoi*
beat about the bush	*pilo wye ac oeri cawl*
beauty is in the eye of the beholder	*gwyn y gwêl y frân ei chyw*
beauty is no more than that which you love	*nid prydferth prydferthwch ond yr hyn a hoffwch*
to become famous you need to die	*a fynno glod bid farw*
bee in my bonnet	*chwilen yn fy mhen*
being kind to be cruel	*boddi cathod bach mewn dŵr cynnes*
bell in every tooth	*uchel fy nghloch*
besides oneself with joy	*cael modd i fyw*
besmirch someone's good name	*brathu'r gaseg wen yn ei chynffon/ thin*
best deficiency, a lack of words	*gorau prinder, prinder geiriau*
best June has some fine days and some wet	*mis Mehefin gwych os daw, peth yn sych a pheth yn law*
best left alone	*nid oes am y peth a aeth heibio ond tewi â sôn a gadael iddo*
best sermon a virtuous life	*gorau pregeth: bywyd da*
betrays its roots	*mae natur y cyw yn y cawl*

better a needy mother than a wealthy father	*gwell mam anghenog na thad goludog*
better a poor peace than a good war	*gwell yr heddwch gwaethaf na'r rhyfel gorau*
better a sensible lad than a foolish king	*gwell bachgen call na brenin ffôl*
better a single day as a lion than a hundred as a lamb	*gwell un diwrnod yn llew na chan niwrnod yn ddafad*
better a single word of truth than a hundred blandishments	*gwell un gair gwir na chan gair teg*
better an egg today than a hen tomorrow	*gwell wy heddiw na iâr yfory*
better an enlightened innocent than an educated savage	*gwell annysg gwâr na dysg anwar*
better good health than any riches	*gwell iechyd na golud*
better in the frying pan than in the fire	*gwell yn y crochan nag yn y tân*
better jaw jaw than war war	*gwell hir bwyll na thrais*
better late than never	*gwell hwyr na hwyrach*
better late than never	*gwell rhyw bryd na byth*
better the house empty than with a poor tenant	*gwell tŷ gwag na thenant gwael*
better to ask ten times than to fail once	*gwell gofyn dengwaith na methu unwaith*
better to be a bit of a rogue than too much of a fool	*gwell bod tipyn o gnaf na gormod o ffŵl*
better to bend like a reed than to snap like a tree	*gwell plygu fel cawnen na chwympo fel derwen*
better to bow than to break	*gwell plygu na thorri*
better to give a penny than to lend twenty	*gwell rhoi ceiniog na benthyca ugain*
better to light a candle than rage against the dark	*gwell cynnau cannwyll na melltithio'r tywyllwch*
better to regret selling than buying	*gwell difaru gwerthu na difaru prynu*

better to travel in hope than to arrive hopeless	*gwell teithio mewn gobaith na chyrraedd mewn anobaith*
beware of falling into the fire while escaping the smoke	*gofalwch rhag syrthio i'r tân wrth osgoi'r mwg*
beware of spending a shilling to gain a penny	*gwyliwch rhag gwario swllt i ennill ceiniog*
beware of the cat's advice to the mice	*gwyliwch gyngor y gath i'r llygoden*
beware of those who have a lot to say but don't listen	*gwae'r un sy'n dweud llawer ond yn gwrando dim*
the biggest culprit blames everyone else	*mwya'i fai sy'n rhoi bai ar arall*
biggest fish are found under the bank	*tan y geulan mae'r pysgod gorau*
biggest lie is half the truth	*mwya' celwydd, hanner y gwir*
binge for an hour starve for a year	*gloddest awr, newyn blwyddyn*
a bird doesn't sing because it has something to say but because it has a song	*nid yw aderyn yn canu er mwyn dweud dim, ond oherwydd fod ganddo gân*
bird in the hand is worth two in the bush	*gwell bach mewn llaw na mawr gerllaw*
bird needs only a single branch on which to roost	*dim ond un gangen sydd ei hangen ar aderyn i glwydo*
birds of a feather flock together	*adar o'r unlliw a hedant i'r unlle*
bit by bit and with great care do you stick your finger up a bug's ass	*yn araf deg a fesul tipyn y mae stwffio bys i din gwybedyn*
bit of a lad makes a good husband	*hogyn drwg a wnaiff ŵr da*
bite your tongue	*da dant at ffrwyno tafod*
bitter on the tongue sweet in the stomach	*chwerw ar y tafod, melys yn y bola*
bittersweet	*ni cheir y melys heb y chwerw*
blacksmith's estimate is truer than a carpenter's measure	*gwell amcan gof na mesur saer*
blackthorn cudgel can tame the devil	*draenen ddu yn fistar ar gythraul*
bleat like a goat	*gweryru fel gafr y gors*

blessed is a world that sings	*byd gwyn fydd byd a gano*
blind leading the blind	*y dall yn tywys y dall*
blood is thicker than water	*anodd dwyn dyn oddi ar ei dylwyth*
blood is thicker than water	*gwaed yn dewach na dŵr*
blood is thicker than water	*nes penelin nag arddwrn*
blow your own trumpet	*seinio fy nghlodydd fy hun*
blow your savings	*blingo'r gath hyd at ei chynffon*
to boast and to lie are one and the same	*bost a chelwydd, nid deupeth ydynt*
both ends of a needle are not sharp	*nid yw dau ben nodwydd yn finiog*
bread is the staff of life	*ffon y bywyd yw bara*
bread, the king of foods	*brenin y bwyd yw bara*
breath of fresh air	*chwa o awyr iach*
breed children: breed problems	*magu plant: magu poen*
brief, brutal and bloody (life)	*byr, brwnt a brau (bywyd)*
bring (someone) down a peg or two	*torri crib ceiliog*
bring it on my own head	*tynnu (rhywbeth) am fy mhen*
bring to light	*dwyn i glawr*
brute strength's no use when playing the fiddle	*nid â nerth braich ac ysgwydd y mae canu crwth*
build castles in the air	*codi cestyll yn yr awyr*
burn one's fingers	*llosgi bysedd*
burn the candle from both ends	*llosgi'r gannwyll yn y ddau ben*
bursting to (do something)	*llosgi yn fy nghroen*
burying his food	*bwyta fel taflu pridd ar gorff*
buy a pig in a poke	*prynu cath mewn cwd*
buy cheap, buy twice	*prynu sâl: prynu eilwaith*
by counting a friend's mistakes you lose a friend	*o gyfrif camgymeriadau cyfaill, collir y cyfaill*
by his acts will ye know a man	*wrth ei ffrwythau mae adnabod dyn*
by the skin of my teeth	*o drwch asgell gwybedyn*

C

calm seas never made for good sailors	*nid yw moroedd tawel yn gwneud morwyr da*
a candle loses nothing by lighting another candle	*cannwyll: ni chollir dim gan gannwyll wrth iddi oleuo cannwyll arall*
can't teach an old dog new tricks	*anodd dysgu hen gostog*
can't have your cake and eat it	*ni cheir y geiniog a'r geiniogwerth*
can't see the wood for the trees	*methu gweld y coed gan brennau*
carry coals to Newcastle	*cyrchu dŵr dros afon*
cat loves fish but hates wetting her feet	*da gan y gath bysgod, ond nid da ganddi wlychu ei thraed*
cat's nine lives	*naw byw cath*
chain is as strong as its weakest link	*nerth cadwyn ei dolen wannaf*
chain is only as strong as its weakest link	*methiant un ddolen sy'n torri'r gadwyn gyfan*
character is built by daily observance	*arfer: drwy arfer beunyddiol mae adeiladu cymeriad*
character is built by daily observance	*drwy arfer beunyddiol mae adeiladu cymeriad*
chatter on and on	*siarad fel melin bupur*
child is father of the man	*plentyn i'r dyn sy'n dad*
chip off the old block	*blas y cyw yn y cawl*
chip off the old block	*llathen o'r un brethyn*
choking on too much cream	*gormod o bwdin a dagith gi*
closed book is just a pile of paper	*mae meddwl caeedig fel llyfr caeedig, dim ond plocyn o bapur*
cobbler isn't the best one to know where the shoe pinches	*nid y crydd sy'n gwybod gorau lle mae'r esgid yn gwasgu*
cock of the walk	*ar ben ei domen, pob ceiliog fydd frenin*
cold April, full barns	*Ebrill oer - sgubor lawn*

cold cowshed; warm stable	*beudy oer, stabal cynnes*
columns seen under the sun, a fine day to come	*pyst dan yr haul - diwrnod braf*
come into prominence	*amlygu fy hun*
confidence is the making of a climber	*hyder sy'n gwneud dringwr*
conscience is the surest judge	*gorau barnwr, cydwybod*
conscience is where all good is bred	*cydwybod yw'r nyth a ddeor bob daioni*
conservation is the highest attainment	*gorau camp: cadw*
constant drip will pierce stone	*defnyn sy'n dryllio'r garreg nid o gryfder ond o fynych syrthio*
cool head and warm feet make for a long life	*genau oer a thraed gwresog a fydd byw yn hir*
corona near - storm far; corona far - rain near	*cylch yn agos i'r lleuad - storom ymhell; cylch ymhell a glaw yn agos*
cosy place for failure, a chilly place for success	*lle clyd i fethu; lle oer i ffynnu*
criticism comes easily where there is no affection	*amlwg bai lle nad oes cariad*
cut the coat according to the cloth	*rhaid llunio'r wadn fel bo'r droed*
cut the coat according to the cloth	*torri'r got yn ôl y brethyn*
cut to the quick	*torri i'r byw*

D

darkest hour is before the dawn	*mae'r awr dywyllaf cyn y dyddio*
darkest hour is before the dawn	*yr awr dywyllaf yw'r nesaf i'r wawr*
darkest shadow lies at the foot of a lighthouse	*duach cysgod wrth fôn goleudy*
day reveals the workings of the night	*gwaith y nos, y dydd a ddengys*
death's clarion call, a dry cough	*utgorn angau, peswch sych*
deceit sneaks in in the guise of caution	*tan enw pwyll y daw twyll*
deceived by being over optimistic	*gormod gobaith sy'n twyllo*
deeper the sea, the safer the ship	*po ddyfnaf y môr, diogelaf fydd i'r llong*
desire doesn't sleep	*nid yw serch yn cysgu*
devil take the hindmost	*trechaf treisied, gwannaf gwaedded*
die first if you want to be famous	*os mynni glod, bid farw*
dig a well before you get thirsty	*agora ffynnon cyn dechrau teimlo'n sychedig*
do good rather than talk good	*daioni yw gwneud nid dweud*
do great deeds - quietly	*gwna'n fawr, ond sôn yn fach amdano*
doing nothing is worse than anything	*arfer anarfer yw'r arfer gwaethaf*
don't be afraid of growing slowly, fear standing still	*nac ofnwch dyfu'n araf, ofnwch sefyll yn llonydd*
don't be over confident or too afraid	*na fyddwch nac yn orhyderus nac yn orofnus*
don't bother opening a shop if it's service without a smile	*peidiwch ag agor siop as nad ydych chi'n gallu gwenu*
don't buy a pig in a poke	*paid â phrynu cath mewn cwd*
don't count your chickens before they're hatched	*paid â chyfri'r cywion yn eu cibau*
don't cross your bridges till you come to them	*camfa: ni ellir croesi'r gamfa nes dod ati*
don't cross your bridges till you come to them	*ni ellir croesi'r gamfa nes dod ati*

don't do to others that which you wouldn't want them to do to you	*gofalwch nad wyt ti'n gwneud yr hyn rwyt ti'n ei gondemnio yn eraill*
don't follow someone who is running away	*paid â dilyn dyn sy'n dianc*
don't go barefoot into the thistles	*ni bydd beiddgar un noeth mewn ysgall*
don't go out to meet trouble	*does dim diben mynd o flaen gofid*
don't judge a book by its covers	*nid wrth ei big y mae prynu cyffylog*
don't let the sun set on your anger	*paid â gadael i'r haul fachlud ar dy gynddaredd*
don't let your tongue cut your throat	*paid â gadael i'th dafod dorri dy wddf*
don't let your tongue endanger your head	*tafod yn gallu torri pen*
don't look a gift horse in the mouth	*nid edrychir ar ddannedd march rhodd*
don't look where you fell but where you slipped	*paid edrych lle y cwympaist ond lle y llithraist*
don't mistake the trees that protect you for a jungle	*paid â galw coedwig sy'n dy gysgodi yn jyngl*
don't offer salt or an opinion until someone asks for it	*peidiwch â chynnig halen na chyngor nes bod rhywun yn gofyn amdano*
don't restrict your children to what you know, they belong to another generation	*paid a chyfyngu dy blant i'r hyn a wyddost ti, maen nhw wedi'u geni i oes arall*
don't spend your money before you make it	*paid â gwario dy geiniog cyn ei chael*
don't trifle with the enemy	*paid â chellwair gyda'th elyn*
don't worry about tomorrow, it may never come	*yfory: gad yfory tan yfory*
dried out gorse lights easily but is not easily extinguished	*hawdd cynnau eithin crin, anodd ei ddiffodd*
drink water like an ox and wine like a king	*yf ddŵr fel ych a gwin fel brenin*
drop a hint	*taro'r post i'r pared glywed*
drunkard should take care before speaking his mind	*gwae i feddwyn adrodd ei feddwl*
dumb will have a long wait at the door of the deaf	*hir bydd aros mud ym mhorth y byddar*

E

each to his own	*pawb â'i fys lle bo'i ddolur*
each to his own	*pawb at y peth y bo*
early bird catches the worm	*cyntaf i'r felin gaiff falu*
early to bed, early to rise	*cwsg gyda'r ddafad, cod gyda'r ehedydd*
easier said than done	*Hawdd yw dywedyd 'Dacw'r Wyddfa' - Nid eir drosti ond yn ara'*
easier said than done	*haws dweud na gwneud*
easier to criticise than to shoot	*haws barnu na saethu*
easy come easy go	*a gasglodd y tad trwy gybydd-dra, mab afradus a'i gwastraffa*
easy come easy go	*rhwydd ei gael, rhwydd ei golli*
easy come, easy go	*a geir yn rhad a gerdd yn rhwydd*
easy to be wise after the event	*hawdd bod yn ddoeth drannoeth y digwydd*
easy to draw blood from an old wound	*hawdd tynnu gwaed o ben hen grachen*
eat one's way to an early grave	*buan i'r wledd, buan i'r bedd*
eat the seed-corn	*bwyta'r mêl o'r cwch*
empty house is better than a poor tenant	*mae tŷ gwag yn well na thenant gwael*
empty nut is the hardest	*y gneuen wag sydd galetaf*
empty vessels make the most noise	*dŵr bas sy'n gwneud sŵn*
empty vessels make the most noise	*mwya'u mwstwr, llestri gweigion*
end of a shift is the time to find a good worker	*erbyn nos mae adnabod gweithiwr*
Englishman's strength his savoir-faire	*nerth Sais: ei hyder*
enough is enough and no more	*digon yw digon a gormod sydd flin*
even a fool is wise until he opens his mouth	*doeth dwl tra tawo*

even a fool is wise until he opens his mouth	*doeth y ffôl tra bydd yn dawel*
even the best of authors has to delete stuff	*mae'r awduron gorau yn gorfod dileu weithiau*
even the eagle has to rest	*mae'r eryr mwyaf yn gorfod gorffwys*
even the finest dish is unable to produce any food	*nid yw'r llestr gorau un yn gallu cynhyrchu bwyd*
even the finest have to shit	*rhaid i'r gwychaf gachu*
every ache has its balm	*mae eli i bob dolur*
every answer raises a new question	*mae pob ateb yn codi cwestion newydd*
every fool's a genius in his own estimation	*call pob ffôl yn ei olwg ei hun*
every garden has weeds	*nid oes gardd heb ei chwyn*
every Jack has a Jill	*mae brân i frân yn rhywle*
every privilege carries an obligation	*ym mhob braint mae dyletswydd*
every proverb true, every superstition false	*pob dihareb gwir, pob coel celwydd*
every thief is as honest as the day is long until caught	*gonest pob lleidr nes ei ddal*
every tide has its ebb and flow	*trai i bob llanw*
everyone has an opinion	*ym mhob pen mae piniwn*
everyone has at least one niggle	*mae rhywbeth bach yn poeni pawb*
everyone is entitled to voice their opinion	*rhydd i bawb ei farn ac i bob barn ei llais*
everyone measures others against themselves	*pawb sy'n mesur arall wrtho'i hun*
everyone unconsciously gives themselves away	*mae pob un heb yn wybod yn dangos beth yw*
everyone uses their own yardstick to measure	*mae pawb yn mesur yn ôl ei lathen ei hun*
experience is the comb life gives you - after you go bald	*profiad yw'r crib a roddir inni gan fywyd ar ôl moeli*
eyes bigger than his belly	*llygaid yn fwy na'r bola*

F

failed business	*gofalwch nad yw'r hwch yn mynd drwy'r siop*
failure is a better teacher than success	*methiant yn well athro na llwyddiant*
fall at the last hurdle	*boddi yn ymyl y lan*
fall between two stools	*rhwng y ddwy stôl yr â'r din i lawr*
false friend is worse than the cruellest enemy	*gwaeth cyfaill gau na'r gelyn creulonaf*
fame follows death	*a fynno glod bid farw*
family is like a forest, impenetrable from afar but within, each tree has its place	*mae teulu fel coedwig; o'r tu allan mae'n ddudew, oddi mewn fe welwch fod gan bob coeden ei lle*
fast as a flea	*chwim fel chwannen*
fat's in the fire	*mae'r gwyddau yn y ceirch*
fatter the cat, the fatter the mice	*a orfwyda'r gath, a fwyda'r llygod*
faulty jewel is more precious than a perfect pebble	*mwy gwerthfawr gem â nam na charreg berffaith*
feather in one's cap	*pluen yn fy nghap*
feed a man for a day, give him a fish, to feed a man for life, teach him how to fish	*i fwydo dyn am ddiwrnod, rhowch iddo bysgod. I fwydo dyn am oes dysgwch iddo bysgota*
fight like a cat and dog	*byw fel ci a hwch*
fine deeds are more eloquent than fine words	*tafod sy'n traethu, gweithredoedd sy'n dangos*
finest revenge; pointing out a wrong and overlooking it	*gorau dial: dangos cam a'i faddau*
finger in every pie	*bys ym mhob briwes*
first come, first served	*cyntaf i'r efail gaiff bedoli*
first consider then conclude	*cyn barnu mae dadlau*
first glass man consumes wine; second glass wine consumes wine; third glass wine consumes man	*y gwydriad cyntaf, y dyn yf win; yr ail wydriad y gwin yf win, y trydydd gwydriad y gwin yf ddyn*

first the wind then the rain	*cyflog y gwynt yw glaw*
first up	*cŵn: cyn codi cŵn Caer*
fish always stinks from the head down	*pysgodyn yn pydru o'r pen i lawr*
fish out of water	*pysgodyn allan o ddŵr*
flattery can succeed the first time	*hawdd i weniaith dwyllo unwaith*
flight not fight	*iachaf croen, croen cachgi*
fly from the muck-heap flies the highest	*gwybedyn y dom sy'n codi uchaf*
fly in the ointment	*huddygl i botes*
fool finds no fault	*ni wêl yr ynfyd ei fai*
fool needs no bell round his neck	*does dim angen cloch am wddf ffŵl*
fool says what he knows, a wise man knows what he says	*ffŵl yn adrodd beth mae'n ei wybod, mae'r doeth yn gwybod beth mae'n adrodd*
a fool, wanders a wise man goes on a journey	*ffôl sy'n crwydro, mae'r doeth yn teithio*
foolish person cannot hide his thoughts	*nid yw'r ynfyd yn gallu cuddio'i feddwl*
foolish person sees no wrong	*nid yw'r ynfyd yn gweld ei fai*
for the want of a lion they crowned the fox	*o eisiau llew yr aiff llwynog i'r orsedd*
forbidden fruit is sweetest	*melys bwyd sy'n cael ei wahardd*
freedom that accepts no mistakes is not freedom	*nid rhyddid rhyddid nad yw'n derbyn camgymeriadau*
friend of everyone is a friend of no-one	*cyfaill pawb: cyfaill neb*
friend that sticketh closer than a brother	*cyfaill a lŷn wrthyt yn well na brawd*
from crawling a child learns to stand	*wrth gropian mae plentyn yn dysgu sefyll*
from hand to mouth	*o'r llaw i'r genau*
from the simple, the simple truth	*gan y gwirion y ceir y gwir*
from the sublime to the gor blimey	*y gwych a'r gwachul*
full to overflowing	*rhy lawn a gyll*
full ear of corn bows its head, it's the empty one that stands proud	*tywysen lawn sy'n gostwng ei phen: tywysen wag sy'n sefyll yn syth*
further from home, the better the Welshman	*gorau Cymro, Cymro oddi cartref*

G

to gain a favour, do a favour	*a fynno gymwynas, gwna gymwynas*
garbage in garbage out	*os cregyn gweigion sydd yn y sach/ cregyn ddaw allan bobol bach*
gate to a small field is the same size as the gate to a large field	*yr un seis yw iet parc bach a iet parc mawr*
genius: 90% perspiration 10% inspiration	*deuparth athrylith yw arfer*
give an Englishman an inch and he'll take a mile	*rho lathen i Sais ac fe gymer filltir*
give time time	*rhowch amser i amser*
giving the fox the key to the hen-house	*rhoi allwedd cwt ffowls i'r cadno*
go for it, if you can	*os gelli - gwna!*
go like a bomb	*mynd fel bom*
go like hot cakes	*mynd fel slecs*
God is good	*da yw Duw i bawb*
gold beneath bracken; silver gorse; famine heather	*aur dan y rhedyn, arian dan yr eithin, newyn dan y grug*
good appetite is a sign of good bread	*archwaeth bara da yw eisiau bwyd*
good aunt is like a second mother	*ail fam, modryb dda*
good hedges make good neighbours	*câr dy gymydog ond cadw dy glawdd*
good hedges make good neighbours	*cymydog da yw clawdd*
good is no good when there's better	*da: nid da lle gellir gwell*
good is no good when there's better	*nid da lle gellir gwell*
good liar needs a good memory	*rhaid cael cof da i ddweud celwydd*
good listener doesn't need many words	*ychydig o eiriau sydd eu hangen ar wrandäwr da*
good wall needs a variety of stone	*angen sawl math o gerrig i godi wal*
grass on the other side is always greener	*man gwyn, man draw*
great oaks from little acorns grow	*bach hedyn pob mawredd*

great oaks from little acorns grow	*bach llygad ffynnon yr afon fwyaf*
great oaks from little acorns grow	*y fesen yn dderwen a ddaw*
greater the flow of the tide, the greater its ebb	*po fwyaf y llanw po fwyaf y trai*
greater you believe yourself to be, the smaller you become	*bach pob dyn sy'n tybio ei hun yn fawr*
greatest pain, failure	*mwya' poen, poen methu*
greatest treasure, good health	*gorau cyfoeth: iechyd*
grief can slumber, care can't	*mae galar yn gallu cysgu, nid felly gofal*
grudges cost money	*mae dal dig yn costio'n ddrud*
guilty are afraid of their own shadows	*yr euog sy'n ffoi heb neb yn ei erlid*
guilty person flees from his own shadow	*llais deilen yn y gwynt sy'n tarfu ar gydwybod euog*

H

hair by hair the head becomes bald	*o flewyn i flewyn yr â'r pen yn foel*
half a loaf is better than none	*hanner torth yn well na dim*
half is better than none	*gwell hanner na dim*
half the job is getting started	*cam dros y trothwy, hanner y daith*
halfway through March and September, day and night are equal	*hanner Mawrth a hanner Medi, dydd a nos 'run hyd a'i gily'*
hand that gives is the hand that receives	*y llaw sy'n rhoi sy'n casglu*
happiness for a day - fishing	*hapusrwydd diwrnod - pysgota*
happiness for a month - marriage	*hapusrwydd mis - priodas*
happiness for a year - wealth	*hapusrwydd blwyddyn - cyfoeth*
happiness for an hour - nap	*hapusrwydd awr - cyntun*
happiness for life - help someone else	*hapusrwydd oes - helpwch rywun arall*
happiness is health	*a fynno iechyd, bydd lawen*
happy as a lark	*ar gefn fy ngheffyl gwyn*
hardest part of a job is getting started	*deuparth gwaith yw ei ddechrau*
hate cannot defeat hate, only love can do that	*casineb: nid yw casineb yn gallu trechu casineb, dim ond cariad sy'n gallu gwneud hyn*
he likes the sound of his own voice	*hoff gan bob aderyn ei lais*
home bred is better than bought	*gwell yr hyn a fegir na'r hyn a brynir*
Homer nods	*fe geir gwall gan y callaf*
Homer nods	*mae'r gorau'n llithro weithiau*
honour is more valuable than riches	*gwell clod na golud*
house is a thief	*lleidr yw tŷ*
how sweet to suck the burnt finger	*melys bys pan losgo*
hurtful word is worse than a wound, a wound heals	*gair sy'n brathu yn waeth na briw, mae briw yn gwella*
Hywel is most generous with other people's money	*hael yw Hywel ar bwrs y wlad*

I

I was angry that I had no shoes until I met a man who had no feet	*yr oeddwn yn flin bod heb esgidiau, ond cwrddais â dyn heb draed*
idle hands are the devil's workshop	*dyn sy'n gwneud dim sy'n dysgu gwneud drwg*
if clothes maketh the man - poor man	*os dillad yw'r dyn, y dyn yw'r truan*
if the cap fits, wear it	*gwisga'r cap os yw'r cap yn ffitio*
if the wheat won't grow the weeds will	*os na ddaw'r gwenith mi ddaw'r chwyn*
if things aren't as you like them, like them as they are	*os nad yw pethau fel yr hoffi, hoffa nhw fel y maent*
if you believe a tenth of what you hear you'll get an inkling of the truth	*os credi di un gair ym mhob deg a glywi fe gei di rywfaint o'r gwir*
if you bow at all, bow low	*o ymgrymu, ymgrymwch yn isel*
if you chase two hares you won't catch either	*os wyt ti'n cyrchu dwy sgwarnog wnei di ddim dal yr un*
if you desire roses you must cope with the thorns	*o chwenych rhosyn, goddefa'r drain*
if you don't act when you can, you won't be able when you want to	*os na wnei di pan y gelli, wnei di ddim pan hoffet ti*
if you don't speculate you won't accumulate	*ci a gerddo a gaiff*
if you don't speculate you won't accumulate	*os na wnei di fentro peth ni wnei di ennill dim*
if you don't sweat when you whet the blade you'll sweat when you cut with it	*os na chwysi wrth hogi, fe chwysi wrth dorri*
if you fall, get up at once	*os syrthiaist, nac oeda godi*
if you live in a thatched cottage take care of your fire	*o fyw mewn tŷ gwellt, gofala am dy dân*
if you need a helping hand, there's one at the end of your arm	*os oes angen llaw gynhaliol ceir un ar ben dy fraich*

if you sow thistles, you'll get no wheat	*os heui ysgall, ni chei wenith*
if you're not part of the answer, you're part of the problem	*os nad wyt ti'n rhan o'r ateb, rwyt ti'n rhan o'r broblem*
if you're not strong be smart	*oni byddi gryf, bydd gyfrwys*
ignorance is bliss	*dedwydd pob anwybod*
ignorance is the mother of all sin	*anwybod(aeth) yw mam yr holl feiau*
in dire straits	*bwyta gwellt fy ngwely*
in the same boat	*yn yr un cwch*
in through one ear, out through the other	*i mewn trwy un glust ac allan drwy'r llall*
in vino veritas	*yn y gwin y ceir y gwir*
insignificant people think they are insignificant, great people don't know they are great	*mae dynion bach yn meddwl eu bod yn fach, nid yw dynion mawr yn gwybod eu bod yn fawr*
inspiration trumps learning	*trech awen na dysg*
intimidator writes in sand, the victim inscribes in marble	*mae'r sawl sy'n pechu yn ysgrifennu ar dywod, mae'r sawl a bechir yn ysgrifennu ar farmor*
iron fist in a velvet glove	*arf sy'n cadw heddwch*
it all comes down to money	*diwedd y gân yw'r geiniog*
it can't be paradise if it can't be tilled	*nid oes baradwys heb ei haredig*
it takes steel to whet steel	*haearn a hoga haearn*
it takes two to tango	*rhaid cael dau i ffraeo*
it takes two to tango	*rhaid wrth wrthwynebydd i gynnal cynnen*
it's a wise man who remains in the background	*un doeth sy'n caru'r encilion*
it's better to aim at something and fail than to aim at nothing and succeed	*gwell yw anelu at rywbeth a'i fethu nag anelu at ddim a'i daro*
it's easier to shut your eyes than your mouth	*haws cau llygaid na chau ceg*

it's easier to start a quarrel than to settle one	*haws yw dechrau cynnen na'i diweddu*
it's easy to rekindle a fire on an old hearth	*hawdd cynnau tân ar hen aelwyd*
it's easy to rekindle a partly burnt piece of wood (love)	*hawdd ailennyn pren wedi'i losgi*
it's easier to correct a word than a deed	*haws cywiro gair na gweithred*
it's nice to go home	*teg edrych tuag adref*
it's not a very strong love that's extinguished by a single puff of wind	*oer yw'r cariad sy'n diffodd ar un chwa o wynt*
it's not deceitful to deceive a deceiver	*nid twyll yw twyllo twyllwr*
it's not his collar that makes a minister	*nid ei goler sy'n gwneud gweinidog*
it's not the cow that lows loudest that produces the most milk	*nid y fuwch sy'n brefu uchaf sy'n rhoi'r mwyaf o laeth*
it's not the person carried who appreciates how far the town	*nid yw'r un sy'n cael ei gario yn deall pa mor bell yw'r dref*
it's not work that kills, it's stress	*nid gwaith sy'n lladd ond gofid*
it's the chaff that rises to the surface	*yr us a ddaw i'r wyneb*
it's the faint-hearted that lose	*y gwan ei galon sy'n ei cholli*
it's the full stomach that bursts, not the empty one	*bola llawn sy'n hollti, nid bola gwag*
it's the tailor's trousers that have a hole in them	*tin trowser teiliwr sy mas*

J

jaw jaw not war war	*arf doeth - pwyll: arf ynfyd - dur*
jealousy knows no age	*nid yw eiddigedd yn heneiddio*
journey of a thousand miles begins with a single step	*taith mil o filltiroedd yn cychwyn ag un cam*
judge not lest ye be judged	*na farnwch fel na'ch bernir*

K

keep your own house in order	*gofala fod carreg dy ddrws dy hun yn lân*
kill two birds with one stone	*lladd dau dderyn ag un ergyd*
knife cannot carve its own handle	*ni all cyllell naddu ei dolen ei hun*
know the way forward, ask those who are returning	*i wybod y ffordd ymlaen holwch y rhai sy'n dod 'nôl*
knowing how is not as difficult as actually doing it	*nid y gwybod sy'n anodd ond y gwneud*
knowledge is a garden, left uncared for it produces nothing	*gwybodaeth fel gardd - heb ei meithrin heb ei medi*

L

labour of love	*llafur cariad*
late messenger, bad news	*cennad hwyr, drwg ei neges*
late to bed, late to rise	*cas wely, cas godi*
laugh or cry, life goes on	*pe llefwn, pe chwarddwn, yr un yw bywyd*
laughter is the best medicine	*chwerthin yw moddion gorau afiechydon fil*
lazy man's load	*baich dyn diog*
lazy man's load	*llwyth dyn diog*
lazy shepherd is a wolf's best friend	*cyfaill blaidd, bugail diog*
learn from other people's mistakes	*drwy feiau eraill mae'r doeth yn cywiro ei feiau ei hun*
learning is from the cradle to the grave	*mae dyn yn dysgu o'i febyd i'w fedd*
learning is the best weapon of all	*gorau arf, arf dysg*
learning knows no boundaries	*does dim ffiniau i ddysg*
leave them wanting more	*torrwch bob dim yn ei flas*
leaves fall near their roots	*dail crin ddychwel i'w gwreiddiau*
leopard doesn't change its spots	*anodd i neidr anghofio sut i frathu*
leopard doesn't change its spots	*nid yw brân yn wynnach o'i golchi*
leopard doesn't change its spots	*cyw a fegir yn uffern, yn uffern y myn fod*
let the cat out of the bag	*gollwng y gath o'r cwd*
life flows like a river to the sea	*fel afon i fôr yw bywyd dyn*
life without books is dormant	*cwsg yw bywyd heb lyfrau*
like father like son	*fel y bydd dyn y bydd ei lwdn*
like father like son	*tebyg i ddyn fydd ei lwdn*
like mother like daughter	*fel bo'r hwch y bo'r perchyll*
like mother like daughter	*fel y crafa'r iâr y piga'r cyw*
like mother like daughter	*lle crafa'r iâr y piga'r cyw*

like to like	*tebyg at ei debyg*
little but often is best	*ychydig yn aml sy'n gwneud llawer*
little piglets have big ears	*mae clustiau mawr gan foch bach*
little white lies bite the teller	*celwydd golau a wna ddrwg i'r sawl sy'n ei adrodd*
live from hand to mouth	*byw o'r llaw i'r genau*
live from hand to mouth	*dal llygoden a'i bwyta*
live on his wits	*byw ar ei gynffon yn lle ei ewinedd*
long of tongue, short on learning	*hir ei dafod, byr ei wybod*
look after your garden and your garden will look after you	*cadw dy ardd, ceidw dy ardd dithau*
love conquers all	*cariad sy'n gorchfygu popeth*
love finds no fault; hate finds nothing to approve	*cariad: nid yw cariad yn gwybod sut i feio, nid yw casineb yn gwybod sut i ganmol*
love grows kicking and screaming	*trwy gicio a brathu mae cariad yn magu*
love will find a way through thick and thin	*serch a wna ffordd drwy ddŵr a than*
lust is never satisfied	*nid yw trachwant byth yn cael digon*

M

make a fuss of the calf to win the mother	*mwytho'r llo i blesio'r fuwch*
man encumbered by his riches	*gelyn i ddyn ei dda*
man in deeds, a youth in years	*greddf gŵr, oed gwas*
man who knows he knows nothing knows more than any of his teachers	*mae dyn sydd yn gwybod nad yw'n gwybod dim byd yn gwybod mwy na'i athrawon i gyd*
man, an oak and a day – what to make of them	*dyn a derw a diwrnod sydd anodd eu hadnabod*
man is judged by his deeds not his words	*wrth ei weithredoedd y bernir dyn nid wrth ei eiriau*
many a false step is taken standing still	*cam: ceir llawer cam gwag trwy sefyll yn llonydd*
many a pair of shoes has been worn out between saying and doing	*treulir llawer pâr o esgidiau rhwng dweud a gwneud*
many a truth is best kept hidden	*llawer gwir; gorau ei guddio*
many preachers fail to listen to themselves	*llawer o bregethwyr nid ydynt yn clywed eu hunain*
March kills, April flays and between them leave nothing	*Mawrth a ladd, Ebrill a fling, a rhyngon nhw'u dau adawan nhw ddim*
March snow lasts as long as butter on a freshly baked loaf	*ni saif eira Mawrth mwy na menyn ar dorth dwym*
memory like an elephant	*cof fel eliffant*
memory like a sieve	*cof fel gogor*
mild winter - full cemetery	*gaeaf glas, mynwent fras*
mill to grind it must have water	*melin a fâl a fyn ddŵr*
miser is always in need	*cybydd bob amser mewn angen*
money is a good servant but a poor master	*arian yn was da ond yn feistr drwg*
money is as slippery as an eel	*llysywen mewn dwrn yw arian*

money is the key	*allwedd arian sy'n agor pob clo*
money lies at the root of all evil	*mam y drwg yw'r arian*
more haste less speed	*mwya'r brys mwya'r rhwystr*
more please	*melys moes mwy*
more ways of killing a cat than drowning it in cream	*llawer sgìl i gael Wil i'w wely*
most precious thing - the one you lost	*gorau peth: peth a gollwyd*
mother's child can do no wrong	*mae'r afr yn caru ei myn, bid ef yn ddu, bid ef yn wyn*
mother's child can do no wrong	*gwyn y gwêl y frân ei chyw*
mountains are clear, rain is near	*mynydde'n agos - arwydd o law*
mountains far away, fine weather on the way	*mynydde'n bell - tywydd ffein*
mud stands out on a white horse	*amlwg llaid ar farch gwyn*

N

nation with no language, a nation with no heart	*cenedl heb iaith, cenedl heb galon*
near neighbour is better than a distant brother	*gwell cymydog yn agos na brawd ymhell*
nearer the church, further from heaven	*a fo nesaf i'r eglwys, pellach oddi wrth baradwys*
necessity is the mother of invention	*angen a yrr hen i redeg*
necessity is the mother of invention	*angen yw mam pob celfyddyd*
neither reject from pride nor accept from weakness	*na wrthodwch o falchder na derbyn o wendid*
never is a long time	*hir yw byth*
new broom sweeps clean	*gorau gwaith: wythnos gwas newydd*
nightingale doesn't share the same voice as the crow	*nid yr un iaith sydd gan eos a brân*
no good comes from too much	*gormod o ddim nid yw dda*
no law without justice	*nid cyfraith heb gyfiawnder*
no one becomes a prophet in his own land	*ni bydd neb broffwyd yn ei wlad ei hun*
no one has lost a penny by being too brazen	*a fo ddigywilydd, a fo'n ddigolled*
no one knows less than the one who knows it all	*nid oes neb yn gwybod llai na'r un sy'n gwybod y cwbl*
no one's perfect	*heb ei fai, heb ei eni*
no one's perfect	*mae'r calla'n colli weithiau*
no pain no gain	*dim poen, dim elw*
no potholes in a new road	*does dim rhigol ar ffordd newydd*
no respect for the old ways	*ni bydd parch i hen gynefin*
no tree has deeper roots than prejudice	*nid oes gan un pren wreiddiau dyfnach na rhagfarn*
nobody knows the trouble I've seen	*nid yw un dyn yn gwybod dolur y llall*

nod to the wise, a word with the foolish	*awgrym i gall, gair i angall*
not a hope in hell	*dim gobaith caneri*
not a hope in hell	*gobaith mul yn y Grand National*
not easy to fool old stagers	*nid hawdd twyllo hen frithyllod*
nothing is for nothing	*ni cheir dim am ddim*
nothing is perfect	*a bryn dir a bryn gerrig*
novelty glitters, age gives a patina	*gwyn pob newydd, llwyd pob hen*

O

occur by default	*distawrwydd rydd hawl*
old age is regretting instead of hoping	*henaint yw gresynu yn lle gobeithio*
old age does not arrive alone	*henaint ni ddaw ei hunan*
old as sin	*hen fel pechod*
old hand	*hen ben*
old know, the young assume	*yr hen sy'n gwybod, tybio mae'r ifainc*
old proverbs are the siblings of truth	*plant gwirionedd yw hen ddiarhebion*
on a journey of love, a thousand miles is no further than one	*a deithio mewn cariad nid mwy mil filltir nag un*
on my high horse	*ar gefn fy ngheffyl*
once a thief always a thief	*a ddwg wy a ddwg fwy*
once bitten twice shy	*llosgi unwaith; cofio canwaith*
once bitten twice shy	*unwaith yn unig y mae twyllo un call*
one man's meat is another man's poison	*ni ddaw drwg i un na ddaw â da at arall*
one man's mistake is another man's lesson	*bai un: gwers arall*
one swallow doesn't make a summer	*un wennol ni wna wanwyn*
only a fool takes hope from a fabrication	*addewid deg wna ynfyd yn llawen*
only a fool uses both feet to test the water's depth	*dim ond ffŵl sy'n defnyddio'i ddwy droed i brofi dyfnder afon*
opportunity is the making of a thief	*cyfleustra sy'n gwneud lleidr*
out of sight out of mind	*allan o olwg, allan o feddwl*

P

parsimonious	*edrych yn llygad y geiniog*
patch is better than a hole	*gwell clwt na thwll*
patience is a virtue	*amynedd yw mam pob doethineb*
patience is a virtue	*eli i bob drwg yw amynedd*
pay as much attention as a pig in clover	*gwrando fel hwch mewn haidd*
pay attention to what you read	*a ddarlleno, ystyried*
penny wise and pound foolish	*achub y blewyn a cholli'r bwrn*
perseverance pays	*dyfal donc sy'n torri'r garreg*
plan for a year by planting corn; plan for a decade by planting trees; to plan for life, teach people	*wrth gynllunio am flwyddyn plannwch ŷd, wrth gynllunio am ddegawd plannwch goed, wrth gynllunio am oes dysgwch bobl*
pleasant surprise	*siom ar yr ochr orau*
pleasure is always sweeter after pain	*melys pleser ar ôl poen*
poisonous smile	*gwên deg â gwenwyn 'dani*
pot calling the kettle black	*'benddu' ebe'r frân wrth yr wylan*
pot calling the kettle black	*y Diafol yn gweld bai ar bechod*
practice makes master	*meistr pob gwaith: ymarfer*
practice makes perfect	*arfer yw hanner y gwaith*
practice makes perfect	*arfer yw mam pob meistrolaeth*
prefer a dog that barks to one that bites	*gwell y ci sy'n cyfarth na'r un sy'n cnoi*
prefer a rod that bends to one that breaks	*gwell y wialen sy'n plygu na'r un sy'n torri*
problem with the children doubles for the childless	*mae poen ar rai â phlant; mae'n dyblu ar y di-blant*
proof is what's needed not argument	*prawf nid dadl*
proof of the pudding is in the eating	*prawf y potes yn y bwyta*

prosperity causes friction	*hawddfyd sy'n codi cynnen*
put it one side for a rainy day	*a gadwer, a geir wrth raid*
put the cart before the horse	*prynu aerwy cyn prynu buwch*
put the horse before the cart	*rhoi'r ceffyl o flaen y cart*
put your tools on the bar	*rhoi'r ffidil yn y to*

Q

quiet but effective   *brefu ychydig ond godro'n dda*

R

rain doesn't fall on just one roof	*nid ar un to yn unig y mae'n bwrw glaw*
rainbow after noon, fine weather to follow	*bwa'r arch brynhawn, tywydd braf a gawn*
rainbow in the morning, showers all day	*bwa'r arch y bore, amal gawode*
raining cats and dogs	*bwrw cyllyll a ffyrc*
raining stair rods	*bwrw hen wragedd a ffyn*
rash man is a ship without an anchor	*gŵr heb bwyll, llong heb angor*
rather a favour promised than a hundred fulfilled	*gwell addewid o gymwynas na chant a fu*
reconciliation is easy where there is love	*hawdd cymodi lle bo cariad*
repetition is the mother of all knowledge	*ailadrodd yw mam pob gwybod*
respected in death, reviled in life	*yn eu harch parch, yn eu hoes croes*
revealing a secret to a scatterbrain is like carrying sand in a sack with a hole	*cario tywod mewn sach â thwll yw dweud cyfrinach wrth rywun penchwiban*
rising tide lifts all the boats	*mae pob cwch yn cael ei godi gan y llanw*
road to all evil begins with doing no good	*pen y ffordd i wneud drwg yw peidio gwneud daioni*
rock from which I'm hewn	*y graig y'm naddwyd ohoni*
rougher the stone the stronger the wall	*sicra'r mur po arwa'r garreg*
run with the fox and hunt with the hounds	*cyfarth gyda'r cŵn a rhedeg gyda'r cadno*

S

safest memory, a book	*gorau cof, llyfr*
satisfaction is the best of riches	*cyfoethog pob bodlon*
save a penny, make a penny	*cadw ceiniog, ennill ceiniog*
say less, listen more	*siarad llai, gwrando mwy*
say what you like but you won't like what you hear	*a ddywedo a fynno a glyw nas mynno*
scratch a boor's arse and he'll shit in your hand	*cos din taeog; efe a gach yn dy law*
scrumped apple is the sweetest	*melysach afal o'i ddwyn*
secret will not survive between more than two	*nid cyfrinach ond rhwng dau*
seize the opportunity when it arises	*cyfleuster yw hufen amser*
sell your knowledge to buy some sense	*gwerth dy wybodaeth i brynu synnwyr*
shining like a dog's testicles	*sgleinio fel ceilliau ci*
shooting along	*mynd fel fflamia*
show isn't over till the fat lady sings	*ar ddiwedd y mae barnu*
shut up and get on with it	*bydd ddistaw a gwna lawer*
sick as a dog	*sâl fel ci*
sight for sore eyes	*balm i'r llygad*
silence is golden	*mae dweud dim byd yn amal iawn yn fwy o ddweud nag ateb llawn*
silence is never put on record	*nid yw distawrwydd yn cael ei gofnodi*
silence too can be an answer	*mae distawrwydd yn aml yn ateb*
single lie undermines a multitude of truths	*mae un celwydd yn difetha mil o wirioneddau*
single picture is worth a thousand words	*mae un llun yn werth mil o eiriau*
single reed will snap, not so a bunch of reeds bound together	*un saeth a dyr yn rhwydd, nid felly deg saeth ynghlwm*

single strand smoulders, it doesn't flare up	*mae un llinyn yn mygu ond nid yw'n llosgi*
single tree can make a thousand matches, a single match can destroy a thousand trees	*gwneir mil o fatshys o un goeden, mae un fatshen yn gallu llosgi mil o goed*
six of one and half a dozen of the other	*brawd mygu yw tagu*
sleep like a mole	*cysgu fel twrch*
sleep the sleep of the just	*diofal cwsg potes maip*
slip away	*diflannu fel iâr i ddodi*
sloth is the seed of all evil	*hedyn pob drwg: diogi*
sloth lies at the root of all evil	*ffynhonnell pob anffawd: diogi*
small flakes, big snow	*eira mân, eira mawr*
small is small whatever its ambition to be big	*bach a fydd bach er cymaint ei awydd i fod yn fawr*
small keys open great doors	*allwedd fach yn agor drysau mawr*
small leak will sink a great ship	*twll bach yn gallu suddo llong fawr*
be smart if you're not strong	*a fo wan bid gyfrwys*
smile can disarm a person	*trech gwên na thrais*
smile from ear to ear	*gwenu fel giât*
smoke rising undisturbed will be followed by fine weather	*mwg yn mynd i fyny'n syth, tywydd sych yn dilyn*
smoothest path is full of stones	*llawn cerrig yw'r llwybr llyfnaf*
snow before Halloween aborts the winter	*eira cyn Glangaea', erthyla'r gaea'*
sobriety conceals, inebriation reveals	*allwedd calon cwrw da*
softly softly catchee monkey	*araf deg a mesul dipyn mae stwffio bys i din gwybedyn*
someone who asks is a fool for five minutes, someone who doesn't ask could be a fool for life	*twpsyn pum munud yw'r sawl sy'n holi, twpsyn am byth yw'r sawl nad yw'n holi*
something has a flavour, 'nothing' has none	*blas ar beth; does dim blas ar ddim*
something is better than nothing	*daw rhywbeth o rywbeth; ddaw dim o ddim*

sometimes you need to be silent in order to be heard	*weithiau rhaid distewi er mwyn cael dy glywed*
South wind brings rain	*gwynt o'r de, glaw cyn te*
sow the wind and reap the whirlwind	*a heuo'r gwynt a fed y corwynt*
sowers of thistles should not walk bare-foot	*a heuo ddrain, na fid droednoeth*
speaking is natural, silence is wise	*mae siarad yn naturiol, mae distewi yn ddoeth*
splash the cash	*bwyta'r mêl o'r cwch*
spring never rises higher than its source	*nid yw nant yn codi'n uwch na'i tharddiad*
steady penny beats the occasional pound	*gwell ceiniog gyson na phunt ysbeidiol*
still waters run deep	*dyfnaf llyn, llyn llonydd*
stitch in time saves nine	*pwyth mewn pryd sy'n safio wyth*
stone cannot be polished without grinding nor a man without tribulation	*ni chabolir carreg heb ei sgathru na dyn heb ei drallod*
storm is the place to find the best sailors	*mewn tymestl mae adnabod llongwr da*
straighten a tree when it's a sapling	*unionir coeden pan fydd yn ifanc*
straw that broke the camel's back	*pennog gyda phwn dyr asgwrn cefn ceffyl*
strike the iron while it's hot	*taro'r haearn tra bo'n boeth*
striving and failing is not idleness	*nid diogi, ymdrechu a methu*
success and slacking don't make for good bedfellows	*nid cywely llwyddiant a gorffwys*
success attracts success	*i'r pant y rhed y dŵr*
success is built on confidence	*hanner llwyddiant - hyder*
successful liar needs a good memory	*angen cof da ar gelwyddgi*
sufficient is a little more than you already have	*digon yw ychydig yn rhagor nag sydd gennyt*
sufficient to each man his own burden	*digon i bob dyn ei faich ei hun*
sufficient unto the day is the evil thereof	*digon i'r diwrnod ei ddrwg ei hun*
sun in the spring, pure poison	*haul y gwanwyn, gwaeth na gwenwyn*
sweet are the uses of adversity	*adfyd a ddaw â dysg yn ei law*

sweet are the uses of adversity

swings and roundabouts

trallod a ddaw â dysg yn ei law

ennill ar y menyn a cholli ar y caws

T

tabula rasa – a child's life	*dalen lân y mae pawb yn gadael ei ôl arno yw bywyd plentyn*
take advice but use your head	*cyngor: ceisiwch gyngor ond defnyddiwch synnwyr*
take your time to travel far	*araf deg mae mynd ymhell*
take your time when replying to a question	*ateb hwyr, ateb yn llwyr*
talk tirelessly	*siarad fel pwll y môr*
tamping mad	*blin fel tincer*
teach an old dog new tricks	*anodd tynnu cast o hen geffyl*
teach your grandmother to suck eggs	*dweud pader wrth berson*
teacher may open the door, but you must step through it	*athrawon sy'n agor y drws ond ti sy'n gorfod camu drwyddo*
that's an end to it	*ni waeth un gair na chant*
then you see that smiles don't always tell the truth	*yna gwelir nad yw gwên yn dweud y gwir*
there are always more fish in the sea	*cystal pysgod yn y môr ag a ddaliwyd*
there are more crows than nightingales	*amlach brân nag eos*
there are no pockets in a shroud	*does dim poced mewn amdo*
there are two ends to a piece of string	*mae dau ben i bob llinyn*
there can be no attainment without learning	*heb ddysg, heb ddawn*
there can be no craft where there is no skill	*gweddw crefft heb ei dawn*
there can be no wisdom without patience	*heb amynedd, heb ddoethineb*
there is no prudence without patience	*gweddw pwyll heb amynedd*
there will always be one better	*mae mistar ar Fistar Mostyn*
there's none so blind as they who will not see	*dallaf o bawb na fynn weled*

there's a black sheep in every flock	*dafad ddu ym mhob praidd*
there's a wrong way round for upside down	*mae wyneb i waered i waered*
there's an exception to every rule	*mae eithriad i bob rheol*
there's no fool like an old fool	*dwlaf dwl, dwl hen*
there's no intelligent answer to a stupid question	*does dim ateb call i sylw twp*
there's no remedy for hate	*does dim moddion sy'n gwella casineb*
there's no rust on gold	*nid yw aur yn rhydu*
there's none so deaf as those who will not hear	*does neb mor fyddar â rhywun nad yw'n dewis clywed*
there's nowt stranger than folk	*anodd dallt ymennydd dyn*
there's only so much that one can take	*does dim yn dal mwy na'i lond*
they died looking for a better world	*yn ceisio blewyn glas y boddodd y gaseg*
things reveal themselves to the observant	*i'r sawl sy'n gwylio mae pethau'n datgelu eu hunain*
things will get better	*haul: fe ddaw eto haul ar fryn*
things will improve	*daw eto haul ar fryn*
think twice before striking once	*meddwl ddwywaith cyn taro unwaith*
thorn in the flesh	*draenen yn ystlys*
thread from each will clothe the poor	*edefyn gan bawb rydd grys i dlawd*
thread that's stretched too far is the one that snaps	*edau rhy dynn sy'n torri*
three gos for a Welshman	*tri chynnig i Gymro*
three sheets in the wind	*cwrw ym mol, twrw ym mhen*
tied to his mother's apron strings	*yn dynn/yn rhwym/yn sownd wrth linyn ffedog (mam/gwraig)*
time is money	*arian yw amser*
time is the best healer	*does dim meddyg fel amser*
time the great healer	*amser yw'r meddyg*
time the great healer	*rhag pob clwyf: eli amser*
time waits for no man	*mae pawb yn aros yr amser a'r amser nid erys neb*

timely cry is worth a thousand words	*mae un waedd mewn pryd yn well na siarad parhaus*
today an angel, tomorrow a devil	*heddiw'n angel ; yfory'n gythrel*
tomorrow belongs to those who prepare today	*yfory yn perthyn i'r bobl sy'n paratoi ar ei gyfer heddiw*
tomorrow is another day	*gŵr dieithr yw yfory*
tongue is only three inches long yet it can bring down giants	*tair modfedd yw hyd tafod ond mae'n gallu lladd cawr*
too high for itself and it falls	*rhy uchel a syrth*
too many cooks spoil the broth	*pan fo llawer yn llywio, fe sudda'r llong*
too many irons in the fire	*a ddechreuo lawer a orffen ychydig*
too many irons in the fire	*gormod o heyrn yn y tân*
too much is not much better than too little	*nid gwell gormod na rhy fychan*
travel far you need to get rid of all your cares	*yn ddibryder mae teithio'n bell*
travel quickly, travel alone, to travel far travel in a group	*os am deithio'n gyflym ewch wrth eich hun os am deithio'n bell ewch yn gwmni*
tree you climb is the one you have to descend	*os dringi di goeden rhaid disgyn hyd yr un goeden*
true art conceals its craft	*gwaith celfydd yn cuddio'i gyfrinach*
true friend is to be found in adversity	*câr cywir - yn yr ing a welir*
truth can sleep on thorns, liars can't sleep on feathers	*cwsg gwir ar ddrain, ni chwsg anwir ar blu*
truth hurts	*dweud y gwir sy'n digio llawer*
truth will out	fe fynn y gwir ei le
turn every which way and but	*troi fel cwpan mewn dŵr*
twice a child, only once an adult	dwywaith yn blentyn ac unwaith yn ddyn
twist in the tail	tro yn ei gynffon
two men can meet, not so two mountains	bydd dau ddyn yn cyfarfod yn gynt na dau fynydd

U

united we stand	*cryfach edau yn gyfrodedd*
united we stand	*mewn undeb mae nerth*
use a sledgehammer to crack a nut	*anodd torri cwlwm â gordd*

V

voice of the people - true; a single voice - false	*llafar gwlad, llafar gwir; llafar un, llafar gau*
voluntary gift is the best sort of gift	*rhodd o fodd yw'r rhodd orau*
vox populi, vox Dei	*trech gwlad nag arglwydd*

W

walls have ears and hedges have eyes	*mae clustiau gan gloddiau a llygaid gan berthi*
waste not, want not	*cadw dy afraid erbyn dy raid*
waste not, want not	*gochel afrad, gochel angen*
waste of time and effort	*blingo hwch â chyllell bren*
waste of time and effort	*bugeilio'r brain*
waste of time and effort carrying water over a river	*ofer cyrchu dŵr dros afon*
waste of time and effort carting salt to the sea	*ofer cludo heli i'r môr*
waste of time and effort greasing lard	*ofer iro blonegyn*
waste of time and effort keeping a dog and barking yourself	*ofer cadw ci a chyfarth dy hunan*
waste of time and effort lifting your petticoat after you've peed	*ofer codi pais ar ôl piso*
waste of time and effort looking for nuts in bullrushes	*ofer cneua mewn brwyn*
waste of time and effort showing a blind person the edge of a cliff	*ofer dangos y dibyn i'r dall*
waste of time and effort shutting the door after the horse has bolted	*ofer cau'r stabal wedi dwyn y march*
waste of time and effort teaching a parson to pray	*ofer dweud pader wrth berson*
waste of time and effort washing a duck's feet	*ofer golchi traed hwyaden*
waste of time and effort	*golchi traed yr alarch (yn wyn)*
waste of time and effort	*iro blonegen*
water drills rock not by force but by constant dripping	*defnyn sy'n dryllio'r garreg nid o gryfder ond o fynych syrthio*
we all have our little ways	*nid yw pawb yn gwirioni'r un fath*

we are but candles blowing in the wind	*nid ydym ond canhwyllau'n llosgi yn y gwynt*
weak can only cry for help	*dim ond gweiddi gall gwan*
wealth hides all injustice	*cyfoeth yn cuddio pob anghyfiawnder*
wet May, a full rickyard	*Mai gwlyb ydlan lawn*
what do you expect from a donkey other than a kick	*nid oes disgwyl gan ful ond cic*
what doesn't destroy us makes us stronger	*a ddioddefws a orfu*
what goes up must come down	*ni bu allt heb oriwaered*
when a big man falls into a bog he sinks further than most	*pan gyll y call fe gyll ymhell*
when need marches in through the door, love flies out of the window	*pan ddaw angen i mewn drwy'r drws, mae cariad yn mynd allan drwy'r ffenest*
where lies your treasure, there lies your heart	*lle mae dy drysor y mae dy galon*
where memory fails, writing records	*cof sy'n llithro, llythyr sy'n cadw*
where now the snows of yesteryear	*lle heno eira llynedd*
where there are wild strawberries there are also snakes	*lle aml y syfi, aml y nadroedd*
where there's a will there's a way	*ceffyl da yw ewyllys*
wherever there's a gap the herd will find it	*lle bydd bwlch, bydd pawb yn cerdded drwyddo*
wherever there's a winner there will be critics	*lle bo camp bydd rhemp*
while the wheel still creaks it's doing its job	*tra bo'r fen yn gwichian mae'n gwneud ei gwaith*
white winter – full barn	*gaeaf gwyn: ysgubor dynn*
who knows least says the most	*yr un sy'n gwybod leiaf sy'n dweud fwyaf*
who teaches also learns	*mae'r sawl sy'n dysgu yn addysgu*
wild goose chase	*chwilio am nyth cwhwrw*
wild pony that makes the best charger	*ebol gwyllt sy'n gwneud march gwych*

wind suits a lamb, sun suits a pig	gwynt i oen a haul i fochyn
wisdom and goodness, two wheels on the same cart	doethineb a daioni, dwy olwyn un cart
wisdom's first lesson: know thyself	gwers gyntaf doethineb: adnabod dy hunan
wise change their mind, it's the fool that's resolute	doeth sy'n newid ei farn, ffôl sy'n ei chadw'n gadarn
wise man doesn't say much	dyn call: dyn distaw
wise man keeps his own counsel	doeth ni ddywed a ŵyr
wise man forms his own opinion, the foolish man adopts public opinion	mae'r dyn doeth yn dilyn ei farn bersonol, mae'r dyn ffôl yn dilyn barn y cyhoedd
wise man learns from other people's mistakes, a foolish man learns from his own	mae'r dyn doeth yn dysgu wrth gamgymeriadau eraill, mae'r dyn ffôl yn dysgu wrth ei gamgymeriadau ei hun
wise man listens, a fool prattles	doeth a wrendy, ffôl a lefair
wishful thinking	breuddwyd gwrach wrth ei hewyllys
within a stone's throw	o fewn ergyd carreg
without God there is nothing	heb Dduw, heb ddim
woe betide someone who believes no one and no one believes	gwae'r un nad yw'n credu neb na neb yn ei gredu ef
woe betide them who believe everything they hear	gwae un sy'n credu pob chwedl a glyw
woe betide the person who has learned a lot but knows nothing	gwae'r un sy'n dysgu llawer ond yn gwybod dim
woe betide them who criticise in others the faults they have themselves	gwae'r un sy'n dirmygu arall am y beiau sydd arno fo ei hun
woe betide an impatient teacher	cas athro heb amynedd
woe betide him who tricks me once; woe betide me if he tricks me twice	a'm twyllo unwaith, rhag dy gywilydd; a'm twyllo eilwaith rhag fy nghywilydd
woe betide the man who loves not his homeland	cas gŵr nad yw'n caru ei wlad ei hun

woman's strength lies in her tongue	*nerth gwraig: ei thafod*
word is just so much wind	*nid yw gair ond gwynt*
word to the wise, a whack for the foolish	*gair i gall a ffon i angall*
word from the wise, more valuable than gold	*cyngor dyn doeth, gwell nag aur coeth*
words evaporate, deeds remain	*mae geiriau'n diflannu ond mae gweithredoedd yn sefyll*
words should be weighed not counted	*dylid pwyso geiriau nid eu cyfrif*
work as if you'll live forever, live as if you'll die tomorrow	*diwyd fel i fyw byth, dedwydd fel i farw fory*
work has its reward	*ym mhob llafur mae elw*
worrying is the mother of all worries	*gofidio yw mam gofidiau*
writing's on the wall	*mae'r ysgrifen ar y mur*

Y

yard of counter is more productive than an acre of land	*llathen o gownter yn well nag acer o dir*
year with snow, year of plenty	*blwyddyn o eira, blwyddyn o lawndra*
you buy land, you buy stones	*o brynu tir, fe bryni gerrig*
you can take the boy out of the valleys but you can't take the valleys out of the boy	*gellir mynd â'r dyn o'r Llan ond ni ellir mynd â'r Llan o'r dyn*
you can tell a man by his friends	*gellir adnabod dyn wrth ei gyfeillion*
you can tell a man by his friends	*wrth ei gyfeillion y mae adnabod dyn*
you can tell a person from the company he keeps	*adweinir dyn wrth ei gyfeillion*
you cannot judge without first listening	*ni ellir barnu heb wrando*
you can't always pick and choose	*fedri di ddim dyfrio blodau heb ddyfrio chwyn*
you can't have your cake and eat it	*ni ellir cadw torth a'i bwyta*
you don't drive a cow to graze, you just open the gate	*ni raid gyrru buwch i bori, mae agor iet yn ddigon*
you don't use wool to rope a bull	*nid ag edau wlân mae rhwymo tarw gwyllt*
you find the way by knowing where you want to go	*y ffordd i ffindio ffordd yw gwybod ble ti'n mynd*
you get to know ten things by learning one	*gallwch wybod deg peth wrth ddysgu un*
you must learn to walk before you run	*rhaid cropian cyn cerdded*
you need to be purer than pure to preach to the world	*mae eisiau deryn glân i ganu*
you only fall if you start climbing	*yr un sy'n dringo yw'r un sy'n syrthio*
you scratch my back, I'll scratch yours	*cân di bennill mwyn i'th nain, fe gân dy nain i tithau*

you start saving in the mouth of the sack

yng ngenau'r sach mae cynilo'r blawd

you trip and fall over molehills not mountains

pridd y wadd sy'n achosi dyn i faglu, nid mynyddoedd

you won't get flowers if you plant grass

o blannu porfa ni chewch flodau

you wouldn't catch a fish unless it opened its mouth

byddai hyd yn oed bysgodyn yn ddiogel pe na bai'n agor ei geg

you'll not cross a river in a boat without oars

heb rwyfau ni ellir croesi afon mewn cwch

young man's promise, just so much froth

ewyn dŵr, addewid gwas

your day starts when you get up

bore pawb pan fydd yn codi

your greatest enemy lies within you

lle nad oes gelyn y tu mewn ni all gelynion allanol eich niweidio

your staunchest ally and deadliest foe are found within you

eich cyfaill gorau a'ch gelyn pennaf - oddi mewn y mae

your worst enemy was once your best friend

y ffrind gorau sy'n troi yn elyn pennaf

Holwch am bris argraffu!
www.ylolfa.com